CHAQUE PIÈCE, 20 CENTIMES.   THÉATRE CONTEMPORAIN ILLUSTRÉ   MICHEL
20 LIVRAISON.

HORTENSE DE BLENGIE

DRAME EN TROIS ACTES

PAR

FRÉDÉRIC SOULIÉ

REPRÉSENTÉ, POUR LA PREMIÈRE FOIS, A PARIS, SUR LE THÉATRE DE L'AMBIGU-COMIQUE, LE 15 JANVIER 1848

DISTRIBUTION DE LA PIÈCE

LE COMTE ÉDOUARD D'ERVILLÉ, capitaine de vaisseau. . . . . MM. ARNAUT.	HORTENSE DE BLENGIE, veuve. . . . . . Mmes E. GUYON.
LUCIEN D'AUTERIVE, diplomate. . . . . . MONTDIDIER.	JULIE D'ESPALLION, veuve. . . . . . . SARA-FÉLIX.
DUPERRON, banquier. . . . . SAINT-ERNEST.	AMÉLIE, fille de Duperron. . . . . . . EMMA.
CHARLES DE VILLARS. . . . . G. GUICHARD.	LISBETH, fille de chambre d'Hortense. . . . JOSÉPHINE.
UN DOMESTIQUE. . . . . MARTIN.	QUELQUES DOMESTIQUES.

La scène se passe, les deux premiers actes au château de Mme d'Espallion, et le troisième dans une auberge, près de Toulon.

ACTE I.

Le théâtre représente un salon ouvrant, au fond, par trois portes sur une terrasse qui domine la mer, qu'on aperçoit au lointain. Portes latérales à droite et à gauche. Sur le devant de la scène, à gauche du spectateur, une table avec tout ce qui est nécessaire pour écrire. Près de cette table, une causeuse ; fauteuils au fond. Il y a sur la terrasse une longue vue portée sur son pied.

SCÈNE I.

HORTENSE, CHARLES, JULIE, *Julie est sur la terrasse et regarde par la longue-vue ; Hortense est assise sur la causeuse, près de la table ; Charles est debout devant elle.*

JULIE, *de la terrasse du fond.*

Hortense, ma chère, je commence à distinguer la forme du navire... c'est une frégate... c'est la Cérès !

HORTENSE, *se levant.*

Tu crois ?...

JULIE, *descendant en scène.*

J'en suis sûre. Pendant six ans qu'a duré mon mariage avec monsieur d'Espallion, je n'ai eu guère d'autre distraction que de le suivre dans ce belvéder qui domine la rade de Toulon, et de regarder par cette longue-vue pour voir passer et repasser les navires de toutes les nations. Aussi, j'ai sur ce chapitre des connaissances à faire envie aux héros nautiques de Cooper. Ah ! c'est une science qui m'a souvent cruellement ennuyée !

HORTENSE.

Sans doute ; mais t'a-t-elle jamais causé autant d'ennui, qu'elle te donne maintenant de plaisir ?...

JULIE.

Méchante !... Mais c'est que tout change d'aspect dans le veuvage... Tu ne le sais pas, toi... tu es encore en respect devant ton deuil qui finit à peine ; mais tu l'apprendras bientôt. (*On entend un coup de canon.*) Entends-tu ? c'est elle ! c'est la Cérès! Vious voir...

HORTENSE.

Oh! moi, je n'attends personne... (*Elle se rassied. Julie retourne sur la terrasse et disparaît un moment.*)

CHARLES, *à Hortense.*

Allez, madame, je ne veux pas vous ennuyer plus longtems de mes plaintes.

HORTENSE.

Continuez, monsieur ; je vous écoute. Vous me disiez ?...

CHARLES.

Je vous disais, madame, que monsieur Duperron, mon patron, parlait un jour de vous et disait : « J'avais vingt-cinq ans lorsque » mademoiselle Hortense de Locré est restée orpheline ; on m'a » confié sa tutelle ; elle avait dix ans, et c'était déjà un esprit » charmant, un cœur élevé, une âme promise à toutes les vertus...

HORTENSE.

Mon tuteur a toujours été le plus indulgent des hommes.

CHARLES.

Il disait encore : « A seize ans, elle était la jeune fille la plus » accomplie ; à cet âge, j'ai dû la marier à monsieur de Blengie. » Pauvre, elle a épousé un homme d'un grand nom et d'une » grande fortune ; et jamais on ne porta plus noblement un nom » illustre, jamais on ne fit un plus saint usage d'une immense » richesse ; jeune elle fut la compagne d'un vieillard, et son res- » pect pour lui fut si tendre, son affection si dévouée, qu'il trouva » près d'elle plus de bonheur que n'en donne souvent l'amour » lui-même.

HORTENSE.

Monsieur, c'est trop de bonté de la part de monsieur Duperron... et je ne sais pourquoi vous me répétez... des paroles trop flatteuses.

CHARLES.

Je vais vous le dire... (*Bruit lointain.*)

JULIE, *accourant.*

Silence ! silence ! les voilà ! Avez-vous entendu le cri joyeux : « terre ! terre ! en haut tout le monde, et paré à virer ! » Chacun est à son poste pour le mouillage... hourra !

HORTENSE.

Folle... regarde bien !

JULIE.

Chut ! silence !... écoutez donc !... (*On entend dans l'extrême lointain un cœur de matelots.*)

CHŒUR *lointain, dont Julie répète les bis.*
C'est un joli petit navire.

JULIE.
C'est un joli petit navire.

CHŒUR.
Il y a sept ans qu'il est à l'eau.

JULIE.
Il y a sept ans qu'il est à l'eau.

(*Continuant.*) C'est une ronde que la brise apporte jusqu'à nous par folles bouffées...

HORTENSE.

Oh ! cela fait palpiter le cœur !... on n'entend plus rien ?

JULIE.

Maudit vent d'Ouest !... mais je la sais moi !.. (*Julie chante une ronde de matelot, bien connue dans nos ports, et par intervalle le chœur lointain de la frégate vient se mêler à son chant.*)

JULIE.

Tant il a couru vent arrière
Avec Bonnett'z et perroquets,
Qu'il croit ne plus revoir la terre.
Hélas ! la verront-ils jamais ?

« Mais voici le cri : France ! France !
Allons ! enfants, paré à virer !
Mais n'est-ce pas trop d'espérance
Bon matelot ?... faut-il pleurer !

« Le matelot pense à sa brune...
Sitôt dit et sitôt paré !
« Laissez-moi monter dans la hune.

Pour vous tous je regarderai »

« Je vois la brise qui se lève,
La mer sur les brisans briser.
Terre ! je vois la grande grève,
Et la girouett' du clocher. »

REPRISE DU CHŒUR.

JULIE.
C'est un joli petit navire...

CHŒUR, *au lointain.*
C'est un joli petit navire ;
Il y a sept ans qu'il est à l'eau.

JULIE.
Il y a sept ans qu'il est à l'eau.

(*Elle remonte vers la terrasse.*)

HORTENSE.

Julie, tu chantes à ravir !

JULIE.

Ma chère, on met un canot à la mer !... un canot à six rameurs... celui du capitaine...

HORTENSE.

Vraiment ?

JULIE, *descendant la scène.*

Oui, oui... s'il vient à terre, monsieur d'Auterive l'accompagnera. Nous allons donc le revoir ce pauvre Lucien !... En vérité je ne croyais pas que cela pût me troubler à ce point.

CHARLES, *à Hortense.*

Encore une fois, pardon, madame ; mais peut-être voulez-vous voir vous même...

JULIE.

Oh ! non, monsieur, cela ne la regarde pas ; c'est moi qui attends et qui espère ; continuez... je tâcherai de ne plus vous interrompre. (*Elle remonte vers le fond et disparaît encore un moment.*)

HORTENSE.

Madame d'Espallion a raison, monsieur, je n'attends personne ; pardonnez-moi donc si j'ai donné à sa joie un peu de l'attention que vous m'aviez demandée... Et maintenant veuillez me dire à quoi servent tous ces éloges que je ne mérite pas, mais que j'accepte comme une preuve de la tendresse de monsieur Duperron.

CHARLES.

Ils tendent à une conclusion tout au moins singulière ; c'est que moi, qui sais tout ce que vous valez, qui comprends combien on doit être heureux de vous adorer, je ne viens implorer que votre protection en faveur de l'amour que j'éprouve pour une autre.

HORTENSE.

Je m'en doutais, monsieur, et c'est pour cela que je vous laisse parler. Vous aimez donc Amélie ?

CHARLES.

Oui, madame, j'aime la fille de monsieur Duperron ; mais, faut-il vous le dire, il a repoussé toutes les insinuations que je lui ai faites à ce sujet.

HORTENSE.

Ce ne peut être à cause de votre famille, elle est trop honorable pour cela... Est-ce votre fortune ?...

CHARLES.

Sans égaler la sienne, ma fortune est considérable ; et il vient de me donner une preuve nouvelle de sa confiance en m'offrant la direction supérieure de sa maison de banque à Naples.

HORTENSE.

Oui, je sais quelle estime il fait de vous... D'où vient donc sa résistance ?

CHARLES.

D'un motif bien étrange, chez lui du moins ; il me trouve trop jeune.

HORTENSE.

Lui ?

CHARLES.

Lui qui s'est marié à vingt ans, lui qui est un grave père de famille à l'âge où tant d'autres jouent encore le rôle d'étourdis, il trouve qu'à vingt-cinq ans on est trop jeune pour le mariage.

HORTENSE.

Peut-être en sait-il plus que vous à ce sujet.

CHARLES.

L'union de monsieur Duperron a été un modèle, madame, et les regrets qu'il a montrés à la mort de sa femme prouvent qu'il avait été heureux dans cette union.

HORTENSE.

Peut-être... Mais enfin, monsieur, que voulez-vous que je lui dise ?

CHARLES.

Il arrive aujourd'hui-même chez madame d'Espallion ; je viens de régler pour son compte de très-graves intérêts qu'il avait à Gênes et à Naples, et je dois lui rendre ici compte de ma mission... Mais je ne crois pas que ce soit le seul but de son voyage ; une lettre d'Amélie...

HORTENSE.

Une lettre de sa fille ?

CHARLES.

Oui madame, elle sait mon amour, elle ne l'a point repoussé. Elle ne m'a écrit qu'un mot : Autant que j'ai pu le deviner, me dit-elle, ce voyage cache des projets de mariage...

HORTENSE.

Avec qui ?

CHARLES.

Je suppose que monsieur Duperron désirerait resserrer, par le mariage de sa fille avec le vieux comte de Tovolia, les liens d'affaires qui unissent ces deux riches maisons de banque.

HORTENSE.

Vous avez raison, ce doit être cela. Et Amélie redoute cette union ?

CHARLES.

Mademoiselle Duperron me dit : Adressez-vous à Hortense... C'est elle qui parle ainsi... Mon père a pour elle la vénération la plus tendre, il n'osera lui refuser ce qu'elle lui demandera, et...

JULIE, *revenant en scène*.

Le voilà ! le voilà !...

HORTENSE.

Qui donc ?

JULIE.

Mais lui, monsieur d'Auterive... Il a quitté le pont et descendu l'échelle... Mais... toujours le même ! si étourdi, si emporté, qu'il tombait à la mer, sans un officier qui l'a retenu.

HORTENSE.

Un officier ?

JULIE.

Oui... le capitaine lui-même.

HORTENSE.

En vérité ?

JULIE.

Monsieur d'Ervillé ?

HORTENSE, *à part*.

Lui... enfin !... oh ! merci, mon Dieu !... c'est lui...

JULIE.

Les voilà qui viennent... dans un quart d'heure ils seront ici. (*Elle regarde impatiemment du haut de la terrasse.*)

HORTENSE, *à part*.

Ah ! j'ai bien fait de venir... le cœur me bat... Oh ! je suis heureuse aussi ; et mon bonheur n'est qu'à moi... (*Elle reste plongée dans une profonde rêverie.*)

CHARLES.

Je me retire, madame ; n'oubliez pas que j'ose attendre de votre bonté... ce qu'Amélie elle-même attend de votre amitié de sœur... ne l'oubliez pas.

HORTENSE, *sortant de sa distraction*.

Oublier quoi ?

CHARLES, *étonné*.

Ma prière et celle de mademoiselle Duperron....

HORTENSE, *vivement*.

Oh ! non, monsieur, non, je veux qu'elle soit heureuse aussi ; vous l'aimez et elle vous aime ; n'est-ce pas la meilleure garantie du bonheur ? Je parlerai à monsieur Duperron... Je ne veux pas qu'une larme se mêle aujourd'hui à ma joie !

CHARLES.

A votre joie !

HORTENSE.

A celle que m'inspire le bonheur de ma meilleure amie.

JULIE, *venant en scène*.

Enfin, le voilà débarqué ! j'ai cru qu'il n'arriverait jamais... Sais-tu que voilà deux ans que je l'attends ?

HORTENSE.

Mais c'est toi qui l'as forcé à partir et à accepter cette mission en Chine qui l'a tenu si longtemps éloigné.

JULIE.

Je ne pouvais pas faire autrement ; il n'y avait pas six mois que j'étais veuve, et l'on me parlait de mariage avec une impatience fort dangereuse, je te le jure... c'était tout au plus s'il acceptait le délai légal... Or, ce n'était pas assez pour les convenances... J'ai voulu mettre un abîme entre ses entreprises et ma résistance... Je l'ai condamné à l'exil... il est parti, mais dès le lendemain, je commençais à l'attendre.

HORTENSE.

Et tu es bien heureuse ?

JULIE.

Oui... Mais, pardon, monsieur... monsieur...

HORTENSE.

Monsieur Charles de Villars, l'un des associés de monsieur Duperron.

JULIE.

C'est vrai... Tu viens de me le présenter... D'ailleurs, je connais Monsieur... nous avons dansé ensemble, cet hiver, chez monsieur Duperron. (*Charles s'incline.*)

HORTENSE.

En attendant l'exilé...

JULIE.

L'ennui rend laide, et je voulais qu'il me retrouvât jolie... Mais, pardon, monsieur, je suis si contente que je n'ai pas eu le temps d'être polie ; mais, vous m'excuserez, c'est si rare d'être heureuse , et vous voyez que j'y mets au moins de la franchise... Monsieur Duperron arrive dans quelques heures ; il compte vous trouver ici, je le sais, ainsi que monsieur d'Ervillé. Vous dînez avec nous.

CHARLES.

Vous me comblez, madame ; mais ce serait pousser la bonne grâce jusqu'à la plus charmante protection que de ne pas dire à monsieur Duperron que j'ai vu madame de Blengie.

HORTENSE.

Vous avez raison... il vaut mieux qu'il ne sache pas que vous m'avez parlé de votre amour...

JULIE, *souriant*.

Ah ! monsieur est amoureux ? et de qui, madame ?...

HORTENSE.

D'Amélie...

JULIE.

Mais c'est charmant... Ainsi, voilà M. d'Auterive qui arrive de Chine et que j'attends... premier mariage. —Voici Amélie qui vient de Paris et M. de Villars qui l'attend... second mariage...

CHARLES.

Qui sait ?

JULIE.

Il n'y a que toi qui n'attends personne, ma belle Hortense !... mais M. Duperron et M. d'Ervillé seront à tes pieds quand tu voudras... Tu auras le droit de choisir, et bien heureux sera celui qui me fera dire : Troisième mariage. (*On entend sonner très-vivement à la grille extérieure.*)

HORTENSE, *à part*.

C'est Édouard !

JULIE, *haut, après avoir regardé à droite au fond*.

C'est Lucien !... je me sauve !

HORTENSE.

Comment !... après deux ans d'attente et quand tu es si heureuse !

JULIE.

Oh ! je veux bien vous le dire, à vous ; mais à lui, c'est tout différent. Il ne faut pas gâter ces messieurs, chère enfant ! Et puis, il est très-fat, très-vaniteux, très-entreprenant... il se croirait adoré... Non, il faut qu'il souffre un peu... (*On resonne avec violence.*) L'entends-tu ? (*On sonne.*) Il va briser la sonnette... (*On sonne.*) Oh ! il n'est pas changé !...

UNE VOIX, *au dehors*.

Madame d'Espallion...

JULIE.

Le voilà ! Ne me trahissez pas ! (*Elle sort à droite.*)

SCÈNE II.

HORTENSE, LUCIEN, CHARLES, PLUSIEURS DOMESTIQUES.

LUCIEN, *à un domestique dans le fond*.

Mais où est-elle ? où est-elle ?

LE DOMESTIQUE.

Madame était tout à l'heure dans ce salon.

HORTENSE, *à part*.

Édouard n'est pas avec lui !

LUCIEN.

Très-bien... (*Il va vers Hortense.*) Mme d'Espallion ?...

HORTENSE, *s'inclinant*.

Elle va venir.

LUCIEN.

Ah ! pardon.... mais c'est vous, chère madame de Blengie !... Que je suis ravi de vous rencontrer ! Je sais, nous avons appris le malheur qui vous a frappée !... Ce pauvre M. de Blengie... il était bien vieux... et... et Julie, mais, où est-elle, où est-elle ?...

HORTENSE, *au domestique.*
Allez donc prévenir Mme d'Espallion que M. d'Auterive est ici.
LUCIEN.
Va donc, maraud!... Ces domestiques français sont d'une lenteur... ils me rappellent ces affreux Chinois, qui... (*A part.*) Un homme ici?
CHARLES, *souriant.*
Je présente le bonjour à M. d'Auterive.
LUCIEN.
Ah! c'est vous, de Villars?... Tiens, vous à Toulon... vous!... Et que diable faites-vous ici?
CHARLES.
J'y attends M. Duperron.
LUCIEN.
C'est vrai, c'est vrai... Mais où est-elle?... — Il a donné rendez-vous ici à d'Ervillé... Je le sais. — Elle n'en finira pas... Est-ce qu'elle est à sa toilette, par hasard?
HORTENSE.
Je croyais que M. d'Ervillé avait débarqué avec vous?
LUCIEN.
Oui. Mais un capitaine de vaisseau a des devoirs. Il lui a fallu aller à l'amirauté. Et puis, rien ne l'appelait ici.
HORTENSE, *à part.*
Il a raison... il ne sait pas que j'y suis.
LUCIEN.
Mais à propos, comment savez-vous que d'Ervillé est arrivé avec moi? On l'a donc vu?... Si on l'a vu, on m'a vu... Elle sait que je suis ici, et elle se cache!.. (*En parlant ainsi, il va vers Charles, il s'arrête tout à coup et le lorgne.*) Ah! mon Dieu! est-ce qu'on porte les gilets aussi longs que ça, maintenant?
CHARLES.
Mais oui.
LUCIEN.
C'est affreux... mais je dois être fort ridicule... (*Il revient vers Hortense.*) N'est-ce pas, chère madame de Blengie, qu'elle se cache?... C'est le plaisir de me tourmenter... oh! elle est toujours la même... (*Il lorgne Villars.*) Et les basques aussi largest comme la mode est changée!... Elle va me trouver abominable... Mais elle est faite comme ça... Elle croirait manquer à sa dignité si elle ne me torturait un peu... Eh! bien, puisque c'est ainsi, je pars... je me retire... je... Ah! la voilà... la voilà!... (*Il court vers elle.*) Julie!...

SCÈNE III.

HORTENSE, JULIE, LUCIEN, CHARLES.
JULIE, *d'un ton traînant.*
Ah!... c'est vous, monsieur d'Auterive... je ne voulois pas le croire... vous n'avez pas oublié vos vieux amis... c'est très-bien... très-bien...
LUCIEN.
Que dit-elle?... Madame...
JULIE.
Votre santé a été bonne à ce que je vois?
LUCIEN, *bas.*
Julie...
JULIE.
Monsieur d'Auterive?..
LUCIEN, *bas.*
Comment?.. après deux ans d'absence...
JULIE.
Vous voulez dire deux siècles, pour le monde qui a craint d'avoir perdu l'un de ses plus brillants héros.
LUCIEN.
Oui, deux siècles pour moi, madame, qui suis parti le cœur désolé, et qui revenais avec un espoir...
JULIE.
Un espoir... vraiment?... et quel espoir?
LUCIEN.
Mieux que cela, madame... une promesse.
JULIE.
En vérité?... Et quelle promesse?
LUCIEN.
Comment, quelle promesse!... (*Éclatant.*) Ah! c'est trop fort!... Et je vous en fais juge...
HORTENSE, *bas.*
Ah!... méchante...
JULIE, *bas.*
C'est pour ça qu'il m'amuse... (*Haut.*) Dites, monsieur...
LUCIEN.
Eh! bien, oui, je parlerai... Madame de Blengie est un ange...

Monsieur de Villars est un galant homme; ils vous connaîtront... Voici le fait... J'aime madame... c'est-à-dire, j'aimais madame... non, je l'aime... c'est indigne; mais je ne veux pas mentir... je l'aime.
JULIE, *riant.*
En êtes-vous bien sûr?
LUCIEN.
Oui, je vous aime, et vous le saviez bien; il y a deux ans, lorsque vous me disiez: « Partez, je ne veux pas que le monde » puisse m'accuser de m'être trop vite consolée de la mort de » mon mari; il y a des choses qu'il faut savoir cacher....
JULIE.
Vous n'avez guère profité de la leçon.
LUCIEN.
« Partez, m'avez-vous dit, et quand vous reviendrez, vous » trouverez une femme qui vous sera reconnaissante de votre » obéissance, qui vous saura gré de lui avoir épargné peut-être » une folie... »
JULIE.
Monsieur...
LUCIEN.
Vous me l'avez dit et je suis parti... je suis allé en Chine, j'ai eu le mal de mer, j'ai fait de la diplomatie avec des magots, j'ai entendu de la musique exécutée sur des tambours de basque et des triangles de fer, j'ai bu du thé détestable, j'ai mangé du Parmonium en confiture, des nids d'alouettes en potage, j'ai commencé par le dessert et j'ai fini par le rôti... Et après ces épreuves beaucoup plus dures que celles des anciens chevaliers qui allaient se battre pour leur dame, lorsque je reviens sur la foi d'une promesse, je retrouve... Qu'est-ce que je retrouve?...
JULIE.
Vous retrouvez une femme à qui vous avez laissé le temps de faire des réflexions...
LUCIEN.
Ah! vous réfléchissez, maintenant?
JULIE.
Oui, monsieur; je me suis dit que je n'avais que vingt-cinq ans.
LUCIEN.
Vingt-six.
JULIE.
Comment, monsieur...
LUCIEN.
Je le sais bien... avant de partir j'avais rassemblé tous les papiers nécessaires, à notre mariage. J'ai votre extrait de naissance... dans ma poche, sur mon cœur...
JULIE.
Eh bien, je n'ai que vingt-six ans... Je suis belle...
LUCIEN.
Malheureusement.
JULIE.
Je suis riche...
LUCIEN.
Qu'est-ce que ça me fait?
JULIE.
Et mes amis m'ont fait comprendre qu'avec des restes de jeunesse, un peu de beauté, et surtout soixante mille livres de rente, j'avais tort d'épouser un homme dont la fortune...
LUCIEN.
Dont la fortune?...
JULIE.
Est plus que médiocre.
LUCIEN.
Oh! Julie... madame... ne me dites pas cela... Dites-moi que vous ne voulez pas de moi, parceque je vous suis insupportable, parceque je suis ennuyeux, parceque vous en aimez un autre, parceque j'ai un habit mal fait... Donnez-moi une raison honnête, et je vous comprendrai. Mais ne dites pas que vous me refusez parceque je suis pauvre; cela ne vous va pas, ce n'est pas de vous, ce n'est pas ainsi que je vous connais... Désolez-moi, si vous voulez, mais ne me gâtez pas mon désespoir...
HORTENSE, *bas.*
Il est très-malheureux!
JULIE, *bas.*
Et c'est pour cela que je l'aime.
LUCIEN.
Comment a-t-elle dit?
HORTENSE.
Qu'elle vous aime.
LUCIEN.
Et moi qui ai été assez niais pour avoir peur de n'être plus aimé!

JULIE.
Fat !
LUCIEN.
Non, Julie... ce n'est pas de la fatuité... c'est de la foi. Ne m'aviez-vous pas dit que vous m'attendriez ?
JULIE.
Quelle imprudence j'ai faite, mon Dieu !... Mais laissons cela... Vous n'avez pas débarqué seul, ce me semble.
LUCIEN.
D'Ervillé sera ici dans un moment.
JULIE.
Tu ne le connais pas, Hortense ?
HORTENSE.
Fort peu.
JULIE.
Ah ! voilà un homme charmant !
LUCIEN.
Bah !
CHARLES.
Un homme sérieux !
LUCIEN.
Un original...
JULIE.
Un homme de cœur... et d'esprit.
LUCIEN.
Avec des principes affreux et des idées ridicules...
HORTENSE.
Je le croyais de vos amis.
LUCIEN.
Aussi, je ne dis ici que ce que je lui ai dit cent fois. Nous avons failli nous couper la gorge... il y a six ou huit mois.
JULIE.
Et à quel sujet ?
LUCIEN.
Au sujet d'une loi chinoise, fort bizarre, mais assez juste en apparence.
CHARLES.
Quelle loi ?
LUCIEN.
Quelle loi ?... Voyons, comment vais-je vous raconter cela ? Attendez : Imaginez-vous une femme qui trompe son mari...
JULIE.
Est-ce que cela se fait en Chine ?
LUCIEN.
Très-souvent... Oh ! on se fait une très-fausse idée des Chinois !... Il y a énormément de points de ressemblance entre leurs mœurs et les nôtres.
JULIE.
Et ce fut là le sujet de votre querelle ?
LUCIEN.
Voici comment cela arriva : Cette loi dont je vous parlais, dit : Que lorsque la femme qui a trompé son mari devient veuve et épouse son séducteur, s'il arrive à celui-ci ce qui est arrivé à l'autre, on ne punit point la femme pour cette nouvelle faute, et qu'on dit au second mari : Vous n'avez que ce que vous méritez.
HORTENSE.
Vraiment ?
CHARLES.
Ceci me semble très-logique.
JULIE.
Et d'un très-bon exemple pour certains amoureux qui menacent de se tuer si une femme ne daigne pas se perdre pour eux... Mais ils ne se tuent pas !...
LUCIEN.
Est-ce que vous me reprochez de vivre ?
HORTENSE.
Mais comment est venue la querelle ?... vous trouviez cette loi très-juste, sans doute ?
LUCIEN.
Moi, je trouvais que c'était mieux que de la justice, je trouvais que c'était une excellente plaisanterie.
HORTENSE.
Et monsieur d'Ervillé n'était pas de votre avis ?
LUCIEN.
Au contraire, mais d'une manière si féroce, que je ne pouvais l'admettre... Non seulement il trouvait la loi excellente ; mais il ajoutait : que l'homme qui épouse la femme qui a trahi une première fois ses devoirs, fût-ce pour lui, est un sot qui cherche le danger...
HORTENSE, à part.
Que dit-il, mon Dieu !...

JULIE.
Et il y a des femmes assez folles pour vous croire !
CHARLES.
Mais, sans doute, il admet des circonstances atténuantes ?...
LUCIEN.
Aucune. « La femme n'est jamais coupable que quand elle le » veut bien, » me disait-il. — J'ai prétendu lui persuader le contraire... Il s'est entêté... moi aussi...
HORTENSE, à part.
Mon Dieu, est-ce possible !
LUCIEN.
De la discussion nous sommes passés à la dispute, et dans son emportement, il a fini par dire : que l'homme qui fait une pareille chose, est non seulement un sot, mais un lâche qui appelle son déshonneur.
HORTENSE.
Je suis perdue !
LUCIEN.
Moi, qui pense que c'est le devoir d'un honnête homme, j'ai trouvé le mot vif, et ma foi...
UN DOMESTIQUE.
Monsieur d'Ervillé !
HORTENSE, à part.
Lui... oh ! plus tard... plus tard... Je n'aurais pas la force de le voir maintenant... (Elle s'échappe par la porte de gauche, pendant que les autres remontent.)

SCÈNE IV.

D'ERVILLÉ, JULIE, LUCIEN, CHARLES.

D'ERVILLÉ paraît, et salue d'abord Julie.
Pardon, madame, si je me présente aussi librement chez vous. Je n'aurais osé le faire sans une lettre de monsieur Duperron, qui est de vos amis.
JULIE.
Et que je remercierai du rendez-vous qu'il vous a donné chez moi, puisqu'il me vaut l'honneur de votre visite... Mais vous ne serez pas ici tout à fait en pays étranger... voici monsieur de Villars...
D'ERVILLÉ.
Que je suis charmé de rencontrer.
JULIE.
Permettez-moi de vous présenter madame... (Elle se retourne.) Mais où donc est-elle ?
CHARLES.
En effet... elle est partie.
D'ERVILLÉ.
Qui donc ?
JULIE.
Madame de Blengie.
D'ERVILLÉ, à part.
Madame de Blengie !
LUCIEN.
Femme charmante !
D'ERVILLÉ.
Et elle était ici ?... (A part.) Elle, Hortense !
JULIE.
Oui, vraiment... elle se sera trouvée indisposée ; monsieur d'Auterive faisait de l'esprit... cela lui aura porté à la tête. Je vais voir...
CHARLES, regardant au fond à droite.
Ne vous alarmez pas. J'aperçois au pied de la côte la voiture de monsieur Duperron, madame de Blengie l'aura vue...
JULIE.
Et elle aura été recevoir son tuteur... Permettez-moi d'en faire autant, messieurs...
LUCIEN.
Souvenez-vous que je reviens d'exil.
CHARLES.
Et n'oubliez pas ce que vous m'avez promis.
JULIE.
C'est vrai. (A d'Ervillé et Lucien.) Messieurs, je vous préviens que monsieur de Villars n'est pas ici.
LUCIEN.
Comment ? il n'est pas ici ?
CHARLES.
Je ne dois arriver qu'après monsieur Duperron... c'est convenu entre madame de Blengie et moi.
D'ERVILLÉ.

Convenu entre madame de Blengie et vous?
LUCIEN.
Bah!
JULIE.
Oui, convenu.
LUCIEN.
A quel propos?
JULIE.
Vous êtes trop bavard pour qu'il vous soit permis d'être curieux ; vous le saurez plus tard... A tout à l'heure, messieurs... à demain, monsieur de Villars.

SCENE V.

D'ERVILLÉ, LUCIEN.

LUCIEN, *à part.*
Je ne sais, mais je parierais que j'ai déjà fait une maladresse.
D'ERVILLÉ, *à part.*
Convenu entr'elle et monsieur de Villars?.. (*Haut.*) Dis-moi, d'Auterive, est-ce que madame de Blengie était là quand on m'a annoncé?
LUCIEN.
Oui... Mais, dis-moi, tu étais fort lié avec son noble époux?
D'ERVILLÉ.
Oui... J'ai servi sous ses ordres.
LUCIEN.
Et par conséquent, tu connais sa femme.
D'ERVILLÉ.
Fort peu... cependant, j'ai eu l'honneur d'être reçu chez elle.
LUCIEN.
Et toi, dont le regard d'aigle perce le mystère des intrigues les mieux voilées, tu ne t'es jamais aperçu que monsieur de Villars consolât madame de Blengie de son vieux mari?
D'ERVILLÉ, *vivement.*
Lui!... (*Plus modéré.*) Du reste, peu m'importe... que madame de Blengie s'entende avec monsieur de Villars... qu'il l'aime... qu'il...
LUCIEN.
Et puis d'ailleurs, tout le monde n'a pas les mêmes opinions que toi.
D'ERVILLÉ.
Quelles opinions?
LUCIEN.
Cependant, je serais désolé de l'avoir blessée.
D'ERVILLÉ.
Qui donc?
LUCIEN.
Madame de Blengie.
D'ERVILLÉ.
Et à quel propos?
LUCIEN.
Si ce que tu supposes était vrai.
D'ERVILLÉ.
Mais je ne suppose rien.
LUCIEN.
Si fait. Eh bien, s'il est vrai que Villars...
D'ERVILLÉ.
Villars...
LUCIEN.
Enfin... monsieur de Blengie était bien le mari le plus maussade, le plus laid, le plus impotent... Et puis, tout le monde n'a pas la vertu de madame d'Espallion.
D'ERVILLÉ.
Quoi, tu supposerais...
LUCIEN.
Ce qui est vrai quatre-vingt dix-neuf fois sur cent. Dans ce cas, tu comprends que je l'aurais fort embarrassée en lui racontant notre querelle.
D'ERVILLÉ.
Quelle querelle?
LUCIEN.
Je ne parle pas des petites... notre grande querelle... tu sais, à propos des veuves.
D'ERVILLÉ.
Comment, tu lui as dit...
LUCIEN.
Oui, là, tout à l'heure, devant elle et devant lui, j'ai répété la phrase sacramentelle qui a failli nous faire égorger.
D'ERVILLÉ.
Mais quelle phrase?
LUCIEN.
Que l'homme qui épouse la femme dont il a été l'amant est un sot et un lâche qui doit s'attendre à subir le destin qu'il a fait à un autre.
D'ERVILLÉ.
Misérable bavard!... Oh! je te reconnais bien là!... à peine arrivé, ta première parole est une injure et une douleur pour une femme qui...
LUCIEN.
L'histoire de Villars et de madame de Blengie est donc vraie?
D'ERVILLÉ.
Eh! qui te parle de monsieur de Villars!...
LUCIEN.
Il y en a donc un autre?
D'ERVILLÉ.
Non, non!... Mais enfin... on ne dit pas ces choses-là... que diable!... D'ailleurs, madame de Blengie n'était pas seule...
LUCIEN.
Plaît-il?
D'ERVILLÉ.
Sans doute. . Madame d'Espallion était là..; elle est veuve aussi, et...
LUCIEN.
Doucement, s'il vous plaît, je réponds de Julie... J'en sais quelque chose, peut-être.
D'ERVILLÉ.
Après deux ans d'absence!
LUCIEN.
Deux ans d'absence, c'est long, je le sais... Mais enfin, Julie m'attendait... Elle m'aime!
D'ERVILLÉ, *à part.*
Pauvre Hortense!
LUCIEN.
Hein?... plaît-il?... Que le diable t'emporte avec tes idées!.. voilà tout mon bonheur gâté.
D'ERVILLÉ, *pensif.*
Mais au fait, cela vaut peut-être mieux ainsi...
LUCIEN.
Quoi donc? qu'est-ce qui vaut mieux?
D'ERVILLÉ, *de même.*
Le premier coup est porté.
LUCIEN.
Plaît-il?... quel premier coup?... D'Ervillé, tu as quelque malheur à m'annoncer, tu sais quelque chose.
D'ERVILLÉ.
Moi, rien... je connais à peine ces dames ; et tu sais que je ne suis venu ici que pour voir M. Duperron.
LUCIEN, *regardant à droite, au fond.*
Qui vient de ce côté, et avec qui je te laisse, car il faut que je sache la vérité.
D'ERVILLÉ.
La vérité?
LUCIEN.
Oui, car s'il est loyal de payer ses dettes, il serait par trop niais de payer celles d'un autre. (*Il sort par le fond à gauche.*)

SCENE VI.

D'ERVILLÉ, *seul.*

Je ne m'attendais pas à cette rencontre... Je ne m'attendais pas surtout à ce que l'indiscrétion de d'Auterive me forçât à une si prompte explication... Cependant, si j'ai bien compris la lettre de Duperron, il vaut mieux que cette explication ait lieu sur-le-champ. Pauvre Hortense! je l'ai tant aimée, et maintenant encore!... Oh! non, non, il n'y faut plus penser!... Ce serait faire un supplice de sa vie et de la mienne... il y aurait toujours entre elle et moi un souvenir, un doute, qui flétriraient notre existence à tous deux!... Et ce serment sacré que me dicta mon père mourant!... Hélas! quel souvenir fatal le lui avait donc inspiré? ce serment, hélas! je l'ai juré, je ne puis ni veux le trahir... Hortense est avertie, elle se résignera. D'ailleurs, qui sait.... Villars la connaît... Il l'aime, sans doute... Et ce n'est peut-être plus que de la discrétion qu'elle attend de moi. Oh! les femmes, les femmes! et celle-là surtout, si charmante, si belle!... (*Se levant.*) N'importe, c'est le cas d'appliquer au mariage cet axiome de guerre de M. de Turenne : Qu'il ne faut pas confier le salut de son armée au général qu'on a vaincu.

SCÈNE VII.

D'ERVILLÉ, DUPERRON.

DUPERRON, *en dehors, à droite.*
Ces dames sont avec ma fille dans le grand salon. Je vous rejoins... (*Entrant.*) Ah! vous voilà, d'Ervillé, je vous attendais avec impatience!

D'ERVILLÉ.
Bonjour, Duperron, bonjour... vous voyez que j'ai été exact.

DUPERRON.
Et je vous en remercie, car j'attends de vous une réponse formelle et prompte à une proposition que j'ai à vous faire.

D'ERVILLÉ.
Parlez, mon cher Duperron ; toute proposition venant de vous, doit être honorable et bonne.

DUPERRON, *s'asseyant avec d'Ervillé sur le canapé.*
Vous connaissez Amélie?

D'ERVILLÉ.
Une charmante enfant... il y a deux ans.

DUPERRON.
Qui est devenue une charmante jeune fille.

D'ERVILLÉ.
Elle le promettait.

DUPERRON.
C'est une âme d'élite, d'Ervillé... c'est un esprit grave et résolu.

D'ERVILLÉ.
Elle a donc hérité de vous?

DUPERRON.
Eh bien! d'Ervillé, je viens faire près de vous une démarche qui n'est guère dans les habitudes du monde et que l'estime que je fais de vous peut seule excuser...

D'ERVILLÉ.
Quelle démarche?...

DUPERRON.
Ecoutez-moi, d'Ervillé : Je me suis marié à vingt ans à une femme plus âgée que moi, et par des raisons...

D'ERVILLÉ.
Qui vous honorent... Il s'agissait de sauver l'honneur et la fortune de votre père.

DUPERRON.
Pendant quinze ans qu'a duré ce mariage, je ne pense pas que madame Duperron se soit jamais aperçue que c'avait été pour moi un sacrifice.

D'ERVILLÉ.
Vous avez été parfait pour elle.

DUPERRON.
J'ai accepté le devoir d'un homme d'honneur, mais, croyez-moi, d'Ervillé, j'ai eu à subir de cruels combats.

D'ERVILLÉ.
Madame Duperron passait pour être d'un caractère facile.

DUPERRON.
Je ne l'accuse pas, d'Ervillé, je n'accuse que moi... Enchaîné trop jeune à une femme, qui finissait sa vie quand je commençais la mienne, il m'a fallu toutes les forces de ma volonté pour résister aux tentations d'un monde où mes affaires me forçaient de rester. Parmi ces épreuves, il en est une qui a été plus douloureuse que toutes les autres ; car, cette fois, ce n'était pas l'entraînement d'un caprice, l'amour d'une beauté facile, le charme d'une liaison passagère ; c'était une passion profonde, impérieuse, folle...

D'ERVILLÉ.
Que vous avez étouffée?

DUPERRON.
Que j'ai fait taire, voilà tout ; mais qui est restée là pendant longtemps comme un désespoir et un remords, et depuis quelque temps comme une espérance.

D'ERVILLÉ.
Que voulez-vous dire?

DUPERRON.
Je ne veux dire de mon secret que ce que vous devez en savoir pour me comprendre. Une autre existence va commencer pour moi... Je l'espère, du moins... mais il ne me convient pas d'y entraîner ma fille... il ne faut pas qu'elle puisse rire des folies de son père... (*Mouvement.*) Je ne veux pas non plus qu'elle en puisse pleurer... C'est pour cela que je veux la marier... D'Ervillé, c'est à vous que je voudrais confier le bonheur de ma fille.

D'ERVILLÉ, *à part.*
Hortense!

DUPERRON.
Eh bien?

D'ERVILLÉ.
A moi?

DUPERRON.
Oui, voulez-vous être son mari?

D'ERVILLÉ.
Avant toutes choses, mon cher Duperron, j'accepte, et je me tiens pour honoré de votre proposition. Mais ne pouvez-vous, me dire ce qui vous a dicté non-seulement votre détermination, mais votre choix?

DUPERRON, *se levant, ainsi que d'Ervillé.*
Vous savez la cause de ma détermination : quant à celle de mon choix, la voici : Lorsque je me suis décidé à marier ma fille, j'ai dû penser à la liquidation de sa fortune. Vous savez qu'elle se trouve liée à la vôtre ; les propriétés que lui a léguées sa mère sont grevées de droits considérables qui vous appartiennent... c'était une très-grosse affaire à démêler... un mariage la terminait... vous comprenez que l'idée m'en soit venue.

D'ERVILLÉ.
De façon, que c'est le banquier qui a pensé à moi, et les chiffres m'ont protégé.

DUPERRON.
J'accepte l'épigramme... Mais soyez sûr que c'est le père qui vous a choisi... Vous avez un nom que toute femme doit être fière de porter, parce que vous l'avez conservé honorable et rendu célèbre ; je connais votre loyauté, votre justice, la noblesse de votre âme, et ce qui n'avait été qu'une combinaison de chiffres est devenu un désir paternel.

D'ERVILLÉ.
Je le crois, Duperron... et je sais que la fortune de votre fille et la vôtre eussent-elles dépendu de ce mariage, vous les eussiez sacrifiées si vous n'aviez pas eu quelque estime pour moi... Mais, pardon, mon ami, Amélie connaît-elle vos intentions?

DUPERRON.
Relativement à un mariage prochain, oui... relativement à vous, non...

D'ERVILLÉ.
Ceci change bien la question... Elle a dix-sept ans, et moi trente-deux...

DUPERRON.
Et c'est là précisément ce qui me détermine à vous parler avec cette franchise. Si je n'ai pas expérimenté la vie, du moins l'ai-je beaucoup observée. Croyez-moi, d'Ervillé, malheur à ces unions précoces où l'homme s'enchaîne à tout jamais avant d'avoir usé dans la liberté ces premières fougues de l'âge, ces premiers orages des passions, ces décevantes illusions de la jeunesse qui, plus tard, lui font apprécier bien haut le sincère bonheur d'une vie plus calme... C'est un délicieux départ plein d'amour et d'espérance, pour le jeune homme qui s'engage ainsi... Mais vienne la satiété de son bonheur et le désir d'un autre, vienne la tentation qui lui parlera par les mille voix de son âge, ivre de ses conquêtes nouvelles et de ses plaisirs renaissants... Alors la passion l'emportera, l'exemple l'égarera, et il payera aux amours faciles et aux joies enivrantes la dette de la jeunesse. Seulement, ce qui n'eût été que folie excusable chez le jeune homme, devient un crime chez le mari : car il entre dans ce sentier périlleux avec une chaîne au pied, sans penser qu'à l'autre bout il y a une victime dont il flétrit la vie dans la fange et dont il déchire le cœur aux ronces du chemin où il marche.

D'ERVILLÉ.
Ah! Duperron, vous avez dû bien souffrir pour penser ainsi.

DUPERRON.
J'ai surtout beaucoup regardé ; et je vous l'atteste, d'Ervillé, ma fille n'épousera pas un de ces jeunes enthousiastes, qui s'imaginent que l'amour est le garant de tout bonheur.

D'ERVILLÉ.
Duperron, j'aurais beaucoup à vous dire à ce sujet... Mais j'aurais aussi trop mauvaise grâce à ergoter avec le bonheur que vous m'offrez ; j'accepte, et pourvu qu'Amélie soit de votre avis....

DUPERRON.
Elle en sera.

D'ERVILLÉ.
Je le désire.

DUPERRON.
Je vais près d'elle.

D'ERVILLÉ.
Déjà?...

DUPERRON.
N'oubliez pas que je ne veux m'occuper de mon bonheur qu'après que celui de ma fille sera assuré ; ne vous étonnez donc pas si je suis si pressé. (*Il sort à droite.*)

SCÈNE VIII.
D'ERVILLÉ, seul.

Pourvu qu'il n'aille pas annoncer ce mariage publiquement... J'avoue que je suis fort peu tenté de braver les scènes que me prépare peut-être madame de Blengie.... (*Avec une ironique tristesse.*) Mais, peut-être, elle m'aura oublié avec Villars, et c'est elle peut-être qui ne sait comment m'annoncer son abandon... Je vais lui en épargner la peine. (*Il va à la table à gauche, et se met à écrire.*) D'ailleurs, c'est le moment de se mettre en règle avec le passé.

SCÈNE IX.
D'ERVILLÉ, HORTENSE.

HORTENSE, *paraissant sur le seuil de la porte du fond à gauche.*
C'est lui..., (*Elle descend lentement la scène.*)
D'ERVILLÉ, *se levant et passant à droite.*
Voilà qui est fait... (*Il voit Hortense.*) Elle !... (*Il la salue.*) Madame,... chère Hortense !
HORTENSE.
Un mot, monsieur.
D'ERVILLÉ.
C'est bien peu après deux ans d'absence.
HORTENSE.
C'est assez, monsieur... s'il est tel que j'ai le droit de l'attendre d'un honnête homme.
D'ERVILLÉ.
Parlez, madame.
HORTENSE.
Monsieur d'Auterive nous a raconté une querelle qu'il a eue avec vous, au sujet de votre opinion sur les femmes coupables.
D'ERVILLÉ.
D'Auterive est un sot.
HORTENSE.
Un sot peut dire la vérité; l'a-t-il dite ?
D'ERVILLÉ.
Madame... il y a mille choses qui échappent et...
HORTENSE.
Pardon, monsieur, je vous ai dit que j'attendais de vous la réponse d'un honnête homme... Les sentiments et les paroles qu'il vous a prêtés sont-ils bien les vôtres ?
D'ERVILLÉ.
Mais, madame...
HORTENSE.
Trouvez-vous que ce soit une lâcheté et une sottise de confier l'honneur de son nom à la femme qui n'a pas su garder intact celui d'un premier mari...
D'ERVILLÉ, *avec impatience.*
Madame... une pareille explication est si étrange...
HORTENSE.
Monsieur, répondez !...
D'ERVILLÉ, *plus doucement.*
Hortense, pourquoi cette insistance ?
HORTENSE.
Répondez donc, monsieur ; vous êtes soldat ; et vous auriez honte de faire languir sous votre épée l'ennemi que vous pouvez tuer d'un seul coup... Pensez-vous, oui ou non, ce que vous avez dit ?
D'ERVILLÉ.
Eh ! bien, madame, j'allais vous faire remettre ce billet... (*Elle prend le billet d'une main tremblante.*)
HORTENSE, *après avoir lu, tombant sur le canapé.*
Oh ! malheureuse que je suis !
D'ERVILLÉ.
Hortense !...
HORTENSE, *se relevant avec indignation et fierté.*
Assez, monsieur ! je ne vous connais pas, je ne vous ai jamais vu... (*Elle passe à droite.*)
D'ERVILLÉ.
Madame... ce ton...
HORTENSE.
Ah ! c'est assez d'une insulte, je suppose...(*On entend du bruit.*)
D'ERVILLÉ.
Prenez garde, madame, on vient de ce côté.
HORTENSE.
Rassurez-vous, monsieur, je ne vous compromettrai pas... Je puis mourir la joie au front et le sourire aux lèvres.
D'ERVILLÉ.
Mourir avez-vous dit ?...
HORTENSE.
A votre tour soyez donc calme, monsieur... J'ai le courage de ma honte ; ayez donc celui de votre vertu.

SCÈNE X.
HORTENSE, D'ERVILLÉ, JULIE, LUCIEN, CHARLES, AMÉLIE, DUPERRON.

CHARLES, *entrant et accourant près d'Hortense.*
Ah ! madame, si vous ne me protégez pas... je suis perdu... je viens d'apercevoir Amélie toute en larmes. (*Il passe derrière d'Ervillé et vient à sa droite.*)
HORTENSE.
Comptez sur moi, monsieur de Villars, je n'oublie pas mes promesses.
DUPERRON, *de même.*
Hortense, ma chère enfant... j'ai un important service à vous demander... (*Il va près de d'Ervillé, à gauche.*)
HORTENSE.
Vous savez que je suis toute à mes amis...
LUCIEN, *de même.*
Ma chère madame de Blengie, si vous ne venez à mon aide, je suis un homme mort ! (*Il reste à l'extrême droite.*)
HORTENSE.
Je tâcherai de vous sauver.
CHARLES, *à d'Ervillé.*
Quelle femme parfaitement bonne que madame de Blengie !...
DUPERRON, *de même.*
Tenez, d'Ervillé, voilà le plus noble cœur que je connaisse.
LUCIEN, *baisant la main d'Hortense.*
Oh !... c'est de cet ange-là que je devrais être amoureux !
D'ERVILLÉ, *à part.*
Est-ce qu'ils se moquent de moi ? (*On entend la cloche qui annonce le dîner. Des valets paraissent.*)
JULIE, *entrant avec Amélie.*
Eh ! bien, n'entendez-vous pas le signal ?.. Lodiner nous attend.
HORTENSE.
J'espère qu'il sera gai... c'est... c'est un plaisir si charmant de retrouver ceux dont on était séparé... Allons, messieurs... (*Elle veut faire un pas ; elle chancelle ; la lettre d'Ervillé lui échappe.*)
AMÉLIE.
Mais qu'as-tu donc, Hortense ?
HORTENSE, *faisant effort sur elle-même.*
Rien... rien... (*Elle chancelle de nouveau.*)
D'ERVILLÉ, *allant à elle.*
Madame de Blengie....
HORTENSE, *souriant.*
Pardon, monsieur... je prendrai le bras de monsieur Duperron. (*Duperron s'empresse de lui offrir son bras. Le mouvement de sortie commence.*)
AMÉLIE, *ramassant la lettre qui est tombée à ses pieds.*
Un papier sans suscription ?
D'ERVILLÉ, *offrant la main à Amélie.*
Mademoiselle... (*Amélie salue et accepte, en cachant vivement la lettre dans son sein.*)
LUCIEN, *à Julie.*
Madame...
JULIE.
Monsieur de Villars, votre main ?
LUCIEN, *bas à Julie.*
Ah ! c'en est trop !...
JULIE, *à part.*
Je hais les jaloux. (*Elle donne la main à Villars et rejoint la société.*)
LUCIEN.
Et moi les coquettes... (*Seul un moment.*) Décidément je suis joué.

ACTE II.

Un riche salon ; porte au fond ; à droite et à gauche, portes en pans coupés, conduisant, celle de droite, sur une terrasse; celle de gauche, à l'appartement d'Hortense. — Sur le devant, une table, avec tout ce qu'il faut pour écrire.

SCÈNE I.

HORTENSE ; *elle est assise près de la table sur laquelle est posée une cassette. Elle finit une lettre et la cachète.*

HORTENSE, *essuyant ses larmes.*

Voilà qui est fait... Dans une heure je serai partie...partie pour toujours. Oh! que de honte, mon Dieu... et que de douleur! *(Montrant la cassette.)* Les voilà, ces lettres fatales dont j'ai cru les serments... ces lettres, qu'après ma faute, je lisais comme une excuse, qu'après son départ, je relisais comme ma consolation... et qui, depuis que je suis libre, me semblaient une promesse de bonheur. Dans une heure, elles lui seront rendues. Oh ! s'il ose les relire, il rougira. Encore, si c'était un autre amour, si c'était l'ambition, si c'était je ne sais quel sentiment impérieux qui l'entraînât : mais non, c'est le mépris, le mépris seul, froid et impassible, que lui inspire la femme qu'il a rendue coupable! c'est justice, c'est bien. Mais j'ai déjà pâli et tremblé devant lui ; je ne veux pas lui donner une fois encore la joie de mon désespoir. Monsieur d'Autcrive lui remettra cette cassette. Monsieur d'Autcrive est un galant homme, et je puis me fier à lui. Je n'aurais pas osé donner cette mission à monsieur Duperron; il eût voulu tout savoir. Oh! non, non ! c'est mieux ainsi. Mais, hâtons-nous ; je n'ai pas épuisé encore toutes mes larmes... et je ne veux pas que personne me voie pleurer *(Elle sonne, Lisbeth paraît.)*

SCÈNE II.

HORTENSE, LISBETH.

HORTENSE.

Lisbeth...

LISBETH, *venant de l'appartement d'Hortense.*

Madame ?

HORTENSE.

Vous avez fait ce que je vous ai dit ?

LISBETH.

Oui, madame.

HORTENSE.

La voiture ?

LISBETH.

D'après les ordres de madame, elle sera, à huit heures précises, à la petite porte du parc.

HORTENSE.

C'est bien. Maintenant, comprenez-moi bien. Dans une heure, pas plus tôt, vous remettrez cette lettre et cette cassette à monsieur d'Autcrive... à lui seul... vous entendez bien ?...

LISBETH.

Oui, madame.

HORTENSE.

Après cela... mais seulement après, vous remettrez cette seconde lettre à monsieur Duperron.

LISBETH.

Il suffit, madame.

HORTENSE.

Et, maintenant, un chapeau, un châle. *(Lisbeth sort un moment.)* Je ne me suis pas senti le courage d'écrire à Julie. Elle me pardonnera de la quitter ainsi. Elle comprendra qu'il y a un malheur dans ma fuite.

LISBETH, *rentrant.*

Voilà ce que madame a demandé.

HORTENSE, *prenant le châle et le chapeau, sans les mettre, et montrant la cassette et les lettres.*

C'est bien ; prenez tout cela... et souvenez-vous bien... dans une heure?

LISBETH.

Quelle toilette faudra-t-il préparer à madame pour son retour?

HORTENSE.

Pour mon retour? ne vous en occupez pas... vous recevrez demain mes derniers ordres.

LISBETH.

Demain ?... Mais, madame...

UN DOMESTIQUE, *au fond.*

Monsieur Duperron désire parler à madame.

HORTENSE.

Lui ! *(A Lisbeth.)* Emportez cette cassette, ces lettres... cachez tout cela, et n'oubliez pas ce que je vous ai ordonné.

LISBETH.

Non, madame. *(Elle sort à gauche.)*

HORTENSE, *au domestique.*

Faites entrer monsieur Duperron. *(Le domestique sort par le fond.)* Allons, encore cet effort ! Monsieur d'Ervillé saura du moins que j'étais calme, et que s'il a perdu ma vie, il n'a pas fait plier mon âme !

LE DOMESTIQUE, *reparaissant.*

Monsieur Duperron !

SCÈNE III.

DUPERRON, HORTENSE. *Duperron, en entrant, paraît très-ému ; il dépose sur un siège, près de la porte, son chapeau et ses gants, regarde Hortense qui se retourne et lui fait un petit signe d'amitié ; puis, il descend la scène, s'approche d'Hortense et lui baise la main.*

DUPERRON.

Pardon, mon enfant, pardon, J'ai vu, dès la pointe du jour, beaucoup de mouvement dans votre appartement ; je viens de voir votre voiture prendre le chemin de la petite porte du parc ; j'ai supposé que vous vouliez faire une promenade matinale, et je venais vous demander une bien grande faveur.

HORTENSE.

Mon ami, ma liberté ne m'a pas fait oublier la reconnaissance que je dois à celui qui a été mon tuteur ; je n'ai pas de faveur à vous accorder, j'ai des devoirs à remplir.

DUPERRON.

Hortense, je ne veux pas qu'il en soit ainsi ; oubliez le tuteur, pensez à l'ami... et permettez-moi de vous accompagner.

HORTENSE.

Où donc ?

DUPERRON.

Mais dans votre promenade.

HORTENSE, *vivement.*

Dans ma promenade?... ce n'est pas possible. Je ne puis pas, je... *(Silence.)* Pardon, mon ami, ne m'en veuillez pas ; mais... mais pourquoi me demandez vous cela?

DUPERRON.

Parce que j'avais beaucoup de choses à vous dire et un service à vous demander.

HORTENSE, *déposant son châle et son chapeau.*

Un service? Oh ! je reste, mon ami... je reste.

DUPERRON.

Non, allez ; plus tard... on vous attend peut-être.

HORTENSE, *avec tristesse.*

Personne ne m'attend, mon ami... personne... Je pars... je sors, veux-je dire... parce qu'il le faut... parce que...

DUPERRON.

Pas un mot de plus, Hortense ! il ne doit y avoir entre vous et moi rien qui ressemble à une justification. Vous faites ce que vous voulez, et c'est bien ; tout secret qui vous touche m'est sacré, car il ne peut cacher que quelque pur dévouement ou quelque noble action.

HORTENSE, *à part.*

Quelque malheur aussi !

DUPERRON.

Pardonnez-moi donc ce que j'ai dit, si vous y avez vu l'intention la plus légère de chercher à savoir ce que vous ne voulez pas dire.

HORTENSE.

Merci, mon ami. Je sais quelle amitié vous avez pour moi.

DUPERRON.

Oui, de l'amitié.

HORTENSE.

De l'estime aussi.

DUPERRON.

Oui, de l'estime et surtout, Hortense...

HORTENSE.

Revenons à ce service que vous attendez de moi.

DUPERRON.

Vous avez raison... Oui ! d'abord ; le bonheur de ma fille avant tout... et puis après...

HORTENSE.

Ah ! il s'agit d'Amélie?... vous voulez la marier, n'est-ce pas ?

DUPERRON.

Sans doute. D'où le savez-vous?

HORTENSE.
Oh! mon Dieu! cela se devine... à la moindre chose... à rien... à l'air joyeux d'une jeune fille... quelquefois à ses larmes.

DUPERRON.
Vous avez vu Amélie? elle vous a parlé?

HORTENSE.
Non, mon ami, non... Mais je crois savoir que le choix que vous avez fait pour elle n'est pas le choix de son cœur.

DUPERRON.
Amélie est un enfant.

HORTENSE.
Duperron, croyez-moi : ne jouez pas le bonheur et l'avenir de votre fille pour des motifs de convenance. Elle est noble et honnête; elle respectera ses devoirs. Mais ne les lui faites pas trop pénibles; l'âme la plus forte peut succomber; et la jeunesse qu'on lie aux dernières amours d'un vieillard se révolte et s'égare quelquefois.

DUPERRON.
Hortense, avez-vous donc souffert si cruellement du mariage que je vous ai imposé?

HORTENSE.
Je ne parle pas de moi; je ne me plains pas, je n'en ai pas le droit : mais je parle de votre fille.

DUPERRON.
Qui vous a dit ou qui vous a fait dire par quelqu'un que je voulais la marier au vieux comte de Tovolia... vous voyez que j'ai tout deviné.

HORTENSE.
N'est-ce point la vérité?

DUPERRON.
Non, ma chère enfant ; le mari que j'ai choisi pour ma fille est jeune.

HORTENSE.
Celui qu'elle aime l'est aussi.

DUPERRON.
Riche.

HORTENSE.
Il le deviendra.

DUPERRON.
Brave.

HORTENSE.
Ce doit être la qualité de tous les hommes.

DUPERRON.
Il suit une carrière qui peut le mener partout où son ambition peut prétendre ; il a un magnifique avenir.

HORTENSE.
L'ambition d'une femme n'est que d'être aimée... son avenir, c'est son amour.

DUPERRON.
Enfin, croyez-moi, Hortense, Amélie oubliera les enfantillages d'un amour irréfléchi, quand vous, en qui elle a une confiance sans bornes, vous lui aurez fait comprendre que toute femme doit être heureuse et fière d'accepter le nom de M. d'Ervillé.

HORTENSE, *avec effroi.*
Monsieur d'Ervillé?

DUPERRON.
Oui, M. d'Ervillé.

HORTENSE.
Lui, lui?

DUPERRON.
Sans doute... Mais d'où vous vient ce trouble?

HORTENSE, *cherchant à se remettre.*
Du trouble? non, non, de l'étonnement, voilà tout.

DUPERRON, *l'observant.*
Mais pourquoi cet étonnement?

HORTENSE.
Je ne puis vous dire... mais vous savez... on se fait quelquefois des idées sans raison... Pourquoi?... pour rien... et il me semblait... je croyais... on m'avait dit... Enfin, je ne pensais pas que ce fût monsieur d'Ervillé que vous aviez choisi.

DUPERRON, *à part.*
Qu'a-t-elle donc?

HORTENSE, *à part.*
Oh! de la force, mon Dieu... de la force!...

DUPERRON, *l'observant.*
Vous le connaissez cependant assez pour savoir que c'est un homme loyal.

HORTENSE.
Oh! très-loyal. (*A part.*) Et qui ment à ce qu'il a juré.

DUPERRON.
Brave...

HORTENSE.
Oh! très brave... (*A part.*) Et qui écrase sans pitié le cœur d'une femme.

DUPERRON.
Un homme d'un esprit élevé, d'un cœur noble.

HORTENSE, *avec abondance.*
Un homme charmant, un homme d'une morale austère, d'un esprit au-dessus de toute faiblesse, un homme à qui un père peut confier la fortune, le repos, la considération de sa fille... Et comme c'est là, et non dans l'amour, qu'est le bonheur des femmes en ce monde, je trouve ce choix convenable, excellent, et je vous en félicite de toute mon âme. (*Elle va se rasseoir près de la table, à droite, en contenant à peine ses larmes.*)

DUPERRON, *à part.*
Elle me trompe...

HORTENSE, *à part.*
Oh! je supporterai l'épreuve jusqu'au bout.

DUPERRON, *après un temps.*
Eh bien, ma chère enfant, c'est précisément ce que vous venez de me dire, que je désire que vous fassiez comprendre à Amélie.

HORTENSE.
Moi?

DUPERRON.
Oui, vous... dont elle aime et respecte la tendresse; vous, en qui elle croira, si vous voulez lui dire que son bonheur à venir est dans cette union. Voilà le service que j'attends de vous.

HORTENSE, *à part.*
Ah! mon Dieu, que je souffre!

DUPERRON.
Ne me le rendrez-vous pas?

HORTENSE, *à part.*
C'en est trop!...

DUPERRON.
Avez-vous quelques raisons personnelles de me refuser?

HORTENSE, *avec une gaîté affectée.*
Des raisons de vous refuser?... moi?... non, certes... non... Je n'en ai aucune... pourquoi en aurais-je?... vous me demandez ce service... je vous le rendrai... demain... plus tard...

DUPERRON.
Si je suis venu de si bonne heure, c'est que je suis sûr qu'Amélie doit venir chez vous ce matin.

HORTENSE.
Ce matin?

DUPERRON.
Tout à l'heure... (*Allant vers la fenêtre à droite.*) Et tenez, la voilà sur la terrasse qui guette mon départ pour venir vous parler; et à moins que cette entrevue ne vous déplaise...

HORTENSE.
En aucune façon... assurément.

DUPERRON.
Je vais lui laisser le champ libre.

HORTENSE.
Vous avez raison, qu'elle vienne.

DUPERRON.
Et je puis compter sur vous?

HORTENSE, *se levant.*
Oui, Duperron, comptez sur moi ; et, puisque vous voyez le bonheur d'Amélie dans ce mariage, ce n'est pas moi qui lui ferai obstacle. (*A part, en passant à gauche.*) Ce sera ma vengeance.

DUPERRON, *à part.*
Et moi, je saurai la vérité. (*Haut.*) A bientôt.

HORTENSE.
Adieu... à bientôt. (*Duperron sort*).

SCÈNE IV.

HORTENSE, *seule, avec colère et douleur.*

Oui... je le ferai... Oui, j'aiderai de tout mon pouvoir à ce mariage... Ah! monsieur d'Ervillé, à mon tour, je vous écraserai de mon indifférence; je vous rendrai votre mépris en dédain ; et je vous montrerai que vous m'être devenu si peu de chose, que je dédaigne de vous nuire et que votre bonheur ne saurait m'atteindre... (*Allant se rasseoir près de la table et après un silence.*) Oh! que je souffre, mon Dieu, que je souffre!

SCÈNE V.

HORTENSE, AMÉLIE, *et d'abord* CHARLES, *Amélie entre par la porte du fond, suivie de Charles à qui elle fait signe de sortir. Il résiste d'abord et finit par céder ; il entre dans l'appartement*

HORTENSE DE BLENGIE.

à gauche. Dans le courant de cette scène il entr'ouvre une ou deux fois la porte.

AMÉLIE, *appelant à mi-voix.*
Hortense !

HORTENSE, *à part.*
C'est elle !... voici ma dernière lutte... ce sera ma dernière victoire.

AMÉLIE, *même jeu.*
Hortense !

HORTENSE, *se retournant.*
Eh bien ? tu ne viens pas m'embrasser ?

AMÉLIE, *accourant et embrassant Hortense.*
Ma sœur ! ma mère ! mon Hortense ! toi qui es si bonne, tu sais pourquoi je viens ?

HORTENSE.
Oui, ma pauvre Amélie, je le sais.

AMÉLIE.
Et tu as dit à mon père, n'est-ce pas, que ce mariage ne pouvait se faire ?

HORTENSE, *se levant.*
Non, Amélie, non... je ne lui ai pas dit cela.

AMÉLIE.
Toi ?... c'est impossible... Tu sais bien, toi, que c'est impossible.

HORTENSE.
Pourquoi donc ? parce que tu aimes... ou que tu crois aimer monsieur de Villars ?

AMÉLIE.
Quand ce ne serait que cela ?

HORTENSE.
Es-tu sûre de l'amour de monsieur de Villars ?

AMÉLIE.
Si j'en suis sûre !... oh ! oui. Pourquoi me tromperait-il ?

HORTENSE.
Qui sait ?... un moment de vanité. Tu es jeune, tu es jolie... c'est un triomphe si charmant que d'égarer le cœur d'une femme !

AMÉLIE.
Hortense !... M. de Villars veut être mon mari.

HORTENSE, *après un petit temps.*
C'est vrai ! tu as raison. Pardonne-moi, enfant. Il t'aime, il doit t'aimer, et peut-être seriez-vous heureux !

AMÉLIE.
N'est-ce pas ?

HORTENSE.
Mais... (*Après un long soupir et avec vivacité.*) Mais M. d'Ervillé t'aime aussi.—C'est un homme d'honneur, bien placé dans le monde, qui t'y donnera un rang élevé, un nom que tu mérites et que tu porteras à merveille.

AMÉLIE.
Hortense !

HORTENSE.
Crois-moi, tu seras heureuse, Amélie. L'amour est un rêve d'enfant. Tu verras l'éclat, la fortune, la renommée de M. d'Ervillé, cette estime qu'il te montre, en te confiant l'honneur de son nom, de sa vie. Tout cela, c'est quelque chose de flatteur, qui doit te toucher, te séduire.

AMÉLIE.
Hortense, tu ne me parles pas selon ton cœur. (*Charles se montre à la porte de gauche.*)

HORTENSE.
Je te parle comme je le dois, comme j'ai promis à ton père de le faire.

SCÈNE VI.

CHARLES, HORTENSE, AMÉLIE.

CHARLES, *s'élançant brusquement en scène.*
Mais non pas comme vous m'aviez promis à moi, madame.

HORTENSE.
M. de Villars !

AMÉLIE.
Charles, je vous avais prié de ne pas entrer.

CHARLES.
C'est vrai, mais vous m'aviez dit aussi : Ayez confiance en madame de Blengie; elle dissuadera mon père de ce mariage, elle ne peut le vouloir.

HORTENSE, *à Amélie.*
Je ne puis le vouloir, as-tu dit ?

AMÉLIE, *passant à la gauche d'Hortense.*
Ah ! Charles !...

HORTENSE, *allant à Villars.*
Et pourquoi cela ? quel intérêt puis-je avoir à l'empêcher ? Je ne connais M. d'Ervillé que par ce qu'on dit le monde. De quel droit me placerais-je entre lui et son bonheur ?... en quoi cela me regarde-t-il, et pourquoi ne dois-je pas vouloir ce mariage ?

AMÉLIE.
Par amitié pour moi, je croyais...

HORTENSE.
Tu t'es trompée, Amélie... Et vous aussi, monsieur. Ce mariage, que je ne dois pas vouloir, selon vous, je le désire... je le souhaite ; j'engage Amélie à le contracter ; et cela devant vous, devant tout le monde, s'il le faut... car je ne veux pas que monsieur d'Ervillé puisse croire comme vous que ce mariage me déplaît, que je m'y suis opposée. Qu'ai-je à m'en inquiéter ? qu'ai-je à y faire ? Et puisque monsieur Duperron y voit le bonheur de sa fille, je dois l'y voir aussi, et je me mets de moitié dans ce désir. Amélie doit épouser M. d'Ervillé... il le faut !

AMÉLIE, *à part.*
Cette lettre que j'ai trouvée, oh ! je la comprends maintenant !..
Pauvre Hortense !... Eh bien, c'est moi qui la sauverai

LE DOMESTIQUE, *annonçant.*
Monsieur d'Ervillé.

HORTENSE, *à part.*
Lui !

CHARLES, *à part.*
Oh ! puisqu'il en est ainsi, je sais ce qui me reste à faire.

SCÈNE VII.

CHARLES, HORTENSE, AMÉLIE, D'ERVILLÉ.

D'ERVILLÉ, *entrant, à part.*
Madame de Blengie !... (*Il s'arrête.*)

HORTENSE.
Entrez, monsieur, ou je croirai que ce n'est pas moi que vous comptiez trouver ici.

D'ERVILLÉ, *troublé.*
Pardon, madame... Mais si monsieur Duperron, ne m'avait dit que vous veniez de partir pour une promenade, je n'aurais pas osé me présenter chez vous sans en avoir demandé la permission.

HORTENSE, *désignant Amélie du regard.*
Et en mon absence vous venez y chercher..

D'ERVILLÉ.
C'est encore monsieur Duperron qui m'a dit que je trouverais ici...

HORTENSE.
Mademoiselle Amélie ?

D'ERVILLÉ.
Mais je me retire...

HORTENSE.
C'est inutile, je vous cède la place; car je sais, monsieur, quelle espérance vous amène et quelle réponse vous venez chercher. Je la désire telle que vous la souhaitez, et comme je ne veux pas être indiscrète, permettez... (*Elle fait un mouvement pour s'éloigner ; Amélie va vivement à elle, et l'arrête.*)

AMÉLIE.
Mais, cette réponse, je veux la faire tout haut et devant vous, Hortense. (*A d'Ervillé.*) Monsieur, vous pardonnerez la franchise d'une jeune fille à qui son père a toujours fait honte du mensonge. Je refuse formellement votre main.

CHARLES, *avec transport, à part.*
Oh ! bonne Amélie !

D'ERVILLÉ.
Mademoiselle, ce refus vous a été inspiré...

AMÉLIE.
Par mon cœur seul, monsieur.

CHARLES, *de même.*
Oui, par son cœur !

D'ERVILLÉ.
Ou, d'après la joie de monsieur, par un amour...

AMÉLIE.
Monsieur, cet amour, s'il existe, n'entre pour rien dans mon refus, je vous le jure,

CHARLES.
Hein... plaît-il ?..,

D'ERVILLÉ.
Mademoiselle, en ce cas, c'est en faire une insulte dont je puis désirer connaître les motifs.

AMÉLIE.
Je n'ai pas à vous les dire : mais, comprenez-moi bien, monsieur ; jamais je ne serai votre femme, jamais !

D'ERVILLÉ, *à part.*
Ah ! j'aurai raison de ceci.

AMÉLIE, *embrassant Hortense.*

Adieu, Hortense... adieu !... Quoique tu m'aies abandonnée à la colère de mon père, je ne t'en veux pas, moi, et je t'aime... je te... (*A d'Ervillé.*) Adieu, monsieur. (*Elle sort vivement.*)

SCÈNE VIII.

CHARLES, HORTENSE, D'ERVILLÉ.

HORTENSE, *à part.*

Que veut-elle dire ?

CHARLES, *à lui-même.*

Pauvre Amélie... et maintenant la voilà exposée aux menaces, aux reproches de monsieur Duperron... (*Bas à Hortense.*) Lorsque vous, madame, vous pouviez tout prévenir... oh ! c'est mal.

D'ERVILLÉ, *bas à Hortense.*

C'est sans doute à vos conseils que je dois ce refus insultant... ah ! c'est une bien misérable vengeance !

CHARLES, *bas à Hortense.*

Lorsque Amélie s'était confiée à vous... lorsque moi-même... ah ! madame...

D'ERVILLÉ, *même jeu.*

Vous avez donc fait vos confidences à cet enfant ? Ah ! madame...

CHARLES, *même jeu.*

C'est une trahison infâme !

D'ERVILLÉ, *même jeu.*

C'est une indignité misérable !

HORTENSE.

Parlez haut, messieurs, je vous en prie.

CHARLES, *vivement.*

Eh ! bien...

D'ERVILLÉ, *de même.*

Eh ! bien...

HORTENSE.

Eh ! bien, monsieur de Villars, ne me reprochiez-vous pas d'avoir plaidé près d'Amélie la cause de monsieur d'Ervillé ?

CHARLES.

Oui, madame, oui... et lorsqu'hier vous me promettiez de parler à monsieur Duperron en ma faveur, je croyais à votre parole.

D'ERVILLÉ.

Quoi, madame ? hier, vous aviez promis votre appui à monsieur de Villars ?

CHARLES.

Oui, monsieur, oui !... Mais alors, madame ne savait pas qu'il s'agissait de monsieur d'Ervillé : mais depuis...

D'ERVILLÉ.

Depuis ?...

HORTENSE, *avec intention.*

Depuis... j'ai dit à Amélie qu'elle ne pouvait confier son bonheur à un homme plus honnête, plus loyal, plus fidèle à sa parole, plus digne de l'amour d'une femme que M. d'Ervillé, c'est...

D'ERVILLÉ.

Madame...

HORTENSE.

Trouvez-vous, monsieur, que je vous aie mal apprécié ?

D'ERVILLÉ.

Cette ironie...

HORTENSE.

Et, à votre tour, dites, dites tout haut ce que vous me reprochez.

D'ERVILLÉ.

Je dis, madame... qu'il y a une manière de blâmer en louant, de perdre en paraissant soutenir ; je dis...

CHARLES.

Ah ! mon Dieu, monsieur, ce n'est pas la faute de madame, si vous n'avez pas réussi... On n'y met pas plus de complaisance.

D'ERVILLÉ.

Monsieur... (*A part.*) Ah ! parbleu, il payera pour elle.

HORTENSE.

Monsieur de Villars...

CHARLES.

Pardon, madame, mais lorsque je suis venu à vous, je vous avais dit que c'était mon bonheur, ma vie que je vous confiais ; et lorsque je devais m'attendre à vous voir de mon parti, vous m'abandonnez, vous abandonnez votre amie... vous nous trahissez tous deux !... C'est indigne, c'est... Ah ! tenez, madame, permettez-moi de me retirer ; je ne dois pas, je ne veux pas sortir du respect que je vous dois...

D'ERVILLÉ.

Vous auriez dû vous apercevoir que c'est déjà fait, et je ne permettrai pas...

CHARLES.

Monsieur !...

D'ERVILLÉ.

Monsieur !...

HORTENSE, *avec hauteur.*

Ah ! monsieur d'Ervillé, merci de votre protection, je n'en ai pas besoin... (*Bas.*) Je n'en veux pas ! (*Haut et à Charles.*) Quant à vous, monsieur de Villars, je vous sais gré de votre emportement... Il y a de l'amour pour Amélie dans votre ressentiment contre moi ; il y a du cœur dans votre colère... Vous êtes un noble et bon jeune homme... ce n'est pas une raison pour être heureux... (*Elle se retourne.*) Monsieur d'Ervillé, je vous laisse à votre bonheur. (*Elle sort par la porte de son appartement.*)

SCÈNE IX.

CHARLES, D'ERVILLÉ.

CHARLES, *à part.*

Qu'est-ce qu'elle veut dire à présent ?

D'ERVILLÉ, *à part.*

Oh ! maintenant, il faut que ce mariage se fasse... il le faut... et d'abord débarrassons-nous de ce petit banquier.

CHARLES, *à part.*

Je veux en finir avec monsieur le capitaine de vaisseau. (*Allant vers d'Ervillé.*) Monsieur, ce qui vient de se passer...

D'ERVILLÉ, *parlant en même temps.*

Monsieur, d'après ce que j'ai entendu...

CHARLES.

Vous devez comprendre...

D'ERVILLÉ.

Je n'ai pas besoin de vous dire...

CHARLES.

Que...

D'ERVILLÉ.

Que... (*Ils s'arrêtent tous deux.*) Pardon, monsieur, vous me parliez ?...

CHARLES.

Vous me disiez ?...

D'ERVILLÉ.

Achevez...

CHARLES.

Après vous, monsieur...

D'ERVILLÉ.

Je vous en supplie...

CHARLES.

Je n'en ferai rien, attendu que je suis persuadé que nous voulions nous dire la même chose...

D'ERVILLÉ.

Et cette même chose, c'est...

CHARLES.

Que nous avons tous deux le plus grand désir...

D'ERVILLÉ.

De nous couper la gorge ensemble.

CHARLES.

Vous parlez d'or, monsieur.

D'ERVILLÉ.

Trop heureux de vous avoir deviné.

CHARLES.

Et quand convient-il à monsieur d'Ervillé de se donner ce divertissement ?

D'ERVILLÉ.

Le temps de trouver un témoin.

CHARLES.

Nous avons ici monsieur d'Auterive.

D'ERVILLÉ.

Je ne vous le conseille pas ; il aime à arranger les affaires... Je vais jusqu'à Toulon, chercher un officier de marine qui fait bien les choses.

CHARLES.

Si vous en trouviez deux, cela m'épargnerait le voyage.

D'ERVILLÉ.

J'accepte votre commission.

CHARLES.

J'attendrai de vos nouvelles.

D'ERVILLÉ.

S'il vous plaît d'en venir chercher à l'auberge de la Madeleine...

CHARLES.
Celle qui se trouve au pied de la colline entre Toulon et ce château ?

D'ERVILLÉ.
Précisément... Je pense pouvoir vous en donner dans trois heures.

CHARLES.
Je serai exact.

D'ERVILLÉ.
Je l'espère monsieur. (*Il sort.*)

SCÈNE X.

CHARLES, LUCIEN, *il tient une lettre, et sous son bras une cassette.*

CHARLES, *seul.*
De toutes façons ceci rompra, je l'espère, cet odieux mariage.

LUCIEN, *en dehors.*
Eh ! d'Ervillé ! d'Ervillé !

CHARLES, *à part.*
Mais je veux voir Amélie une dernière fois.

LUCIEN, *entrant par la gauche.*
Ah ! c'est vous ; pourriez-vous me dire où est d'Ervillé ?

CHARLES.
Il vient de partir pour Toulon.

LUCIEN.
Bon ! précisément au moment où j'ai besoin de lui...

CHARLES.
C'est fâcheux en effet. (*Il va pour sortir.*)

LUCIEN, *l'arrêtant.*
Et que diable va-t-il faire à Toulon ?

CHARLES, *même jeu.*
Il y va chercher des témoins.

LUCIEN, *idem.*
Pour mon mariage ?

CHARLES, *descendant la scène à gauche.*
Non, pour un duel.

LUCIEN.
Pour un duel ? (*Avec éclat.*) Un duel ! ah bien ! j'avais oublié... monsieur de Villars... (*Il pose la cassette sur la table.*) Pardon, j'oubliais que j'ai à vous chercher querelle.

CHARLES.
A moi ?

LUCIEN.
Oui, à vous. Depuis hier, on me chasse, on me rappelle, on me sourit, on me fait la moue, on me caresse, on m'égratigne... si bien que je n'y suis plus... que j'en perds la tête... Cependant, puisque j'y pense, je veux une explication.

CHARLES.
Avec moi ?

LUCIEN.
Avec vous... car enfin, vous n'êtes pas une femme, vous ?

CHARLES.
Je le suppose.

LUCIEN.
C'est que les femmes, voyez-vous... c'est affreux ! Il semble que la vérité leur soit antipathique ; on les aime avec une confiance stupide ; ça les ennuie, et elles vous traitent de cœur froid et d'amoureux transi ; on a un soupçon jaloux... ça les met en fureur, et l'on vous traite comme un manant ; ou bien ça les amuse et alors cela devient abominable... On a peur de quelqu'un, de monsieur de Villars par exemple : Quoi ! vous dit-on d'un air superbe, un monsieur de Villars ! un banquier, un homme de chiffres !... ah ! ce soupçon est un outrage...

CHARLES.
Mais, monsieur...

LUCIEN.
Ou bien : Mais il est fort bien, monsieur de Villars, il a de l'esprit, des manières ; il danse la polka à ravir... Et l'on prend son bras, et on lui fait des coquetteries ; et le malheureux qui aime cherche la vérité au fond de tout cela !...

CHARLES.
Pauvre d'Auterive !

LUCIEN.
La vérité ? il n'y en a pas ; une coquette parle avec le plus profond dédain de l'amant qu'elle adore, ou agace avec le plus doux sourire l'homme le plus indifférent.

CHARLES.
Eh bien ?

LUCIEN.
Eh ! bien, ce n'est pas encore la vérité ; car il y en a qui trouvent un exécrable plaisir à tromper par l'audace même de leurs coquetteries. Le pauvre amoureux, le futur époux se dit : C'est une comédie ; s'ils s'entendaient, ils se cacheraient mieux ; les coupables sont plus prudents ! Il se répète cette niaiserie, il se la persuade, il se croit très-habile ; pas du tout, on le trompe, et on a la joie de le lui montrer... et plus tard ; quand il découvre le crime, on lui rit au nez, en lui disant : Monsieur ce n'est pas ma faute si vous n'avez pas voulu y voir clair !...Oh ! les femmes !

CHARLES.
Eh ! bien, que concluez-vous de ceci ?

LUCIEN.
J'en conclus que ce n'est qu'à vous que je puis demander si vous êtes ou non l'amant de madame d'Espallion... voilà.

CHARLES.
Mon cher monsieur d'Auterive...

LUCIEN.
Mon cher monsieur de Villars ?

CHARLES.
Dans quelques heures, je me bats avec monsieur d'Ervillé parce qu'il prétend épouser mademoiselle Duperron, dont je suis amoureux.

LUCIEN.
D'Ervillé... épouse mademoiselle Duperron ?

CHARLES.
Oui.

LUCIEN.
En êtes-vous sûr ?

CHARLES.
Oui, malheureusement.

LUCIEN, *à lui-même.*
Oh ! alors je comprends... oui.

CHARLES.
Ceci doit vous rassurer.

LUCIEN, *à lui même.*
Oui, oui... cette lettre, cette cassette...

CHARLES.
Plaît-il ?

LUCIEN, *de même.*
C'est cela.

CHARLES.
Et vous pouvez rendre toute votre confiance à madame d'Espallion.

LUCIEN, *de même.*
Pauvre madame de Blengie !

CHARLES.
Vous dites ?

LUCIEN.
Ah ! mon pauvre Villars, si vous saviez, c'est indigne. Oh ! les hommes, les hommes ! Les femmes ont raison, voyez-vous, c'est affreux !

CHARLES.
Mais quoi donc ?

LUCIEN.
Rien, c'est un secret. Ah ! d'Ervillé mérite une bonne leçon ; donnez-la-lui, Villars. (*A part.*) Voilà pourtant ce que c'est que d'être allé en Chine. (*En ce moment, madame d'Espallion paraît à la porte à droite, au troisième plan.*)

CHARLES, *à part.*
Décidément il est fou !... et je crois que je ferai bien de céder la place à madame d'Espallion, qui semble attendre ma sortie. (*Il sort à gauche.*)

SCÈNE XI.

LUCIEN, JULIE.

LUCIEN, *seul sur le devant de la scène.*
Cela ne peut pas s'expliquer autrement. Oui, cette lettre de madame de Blengie... (*Il la prend dans sa poche.*)

JULIE, *au fond.*
Qu'est-ce que cela veut dire ? Lisbeth qui a fait des signes à monsieur d'Auterive et qui lui a remis une lettre et une cassette, que j'ai vue dix fois dans le secrétaire d'Hortense ?

LUCIEN, *lisant.*
« Monsieur, je vous crois un homme d'honneur, et c'est à » votre honneur que je confie une restitution que je ne puis » faire moi-même.» Une restitution ! c'est cela ; une restitution... quelque promesse, une correspondance. Pauvre femme, ah !...

JULIE, *idem.*
Comme il est agité !

LUCIEN, *lisant.*
« Veuillez remettre cette cassette à monsieur d'Ervillé, veuillez la lui remettre en secret. » (*Haut.*) C'est ce que je ferai.

JULIE, *idem.*

Je saurai ce que c'est que cette cassette.
LUCIEN, *lisant.*
« Quand vous m'aurez rendu ce service, monsieur, oubliez-le, oubliez-moi. » (*Haut.*) Pauvre femme !
JULIE, *au fond.*
Comme il est troublé !
LUCIEN, *lisant.*
« Je me souviendrai, moi, de la reconnaissance que je vous dois. » (*Haut.*) Ah ! c'est là un cœur !... et ce d'Ervillé... c'est affreux !
JULIE, *au fond.*
Dieu me pardonne, je crois qu'il pleure.
LUCIEN, *se retournant vivement.*
Hein ? qu'y a-t-il ? qu'est-ce c'est ? Madame d'Espallion...
JULIE, *avançant du côté de la table.*
Moi-même, monsieur, j'ai laissé sur cette table une broderie.
LUCIEN.
Je n'en vois pas.
JULIE.
Ne vous mettez pas en peine. Je trouverai ce que je cherche.
LUCIEN.
C'est très-bien.
JULIE, *cherchant.*
Non, je me suis trompée... (*Elle voit la boîte.*) Ah ! l'étourdie ! (*Elle la prend et fait un mouvement pour sortir.*)
LUCIE.
Que faites-vous, madame ? cette boîte...
JULIE.
C'est le coffre à bijoux de madame de Blengie. Je ne soupçonne aucun de mes domestiques, mais c'est toujours une imprudence de laisser traîner un objet qui renferme des valeurs considérables ; je vais l'emporter chez moi.
LUCIEN.
L'emporter ! Mais, madame, ce n'est pas possible... cette boîte...
JULIE.
Cette boîte ?...
LUCIEN.
N'appartient pas à madame de Blengie... elle est... à moi.
JULIE.
En vérité ? (*Elle pose la boîte et à part.*) Il me trompe. (*Haut.*) Est-ce que vous l'avez, par hasard, rapportée de Chine ?
LUCIEN.
Oui, précisément.
JULIE.
On fait donc des boîtes de Boule, en Chine ?
LUCIEN.
Oh ! madame, en Chine on fait de tout.
JULIE.
Savez-vous que c'est très-curieux ?
LUCIEN.
Très-curieux.
JULIE.
Et que ce doit être fort rare.
LUCIEN.
Très-rare. (*A part.*) Bon, elle n'y pense plus.
JULIE.
Je ne sais comment fait madame de Blengie, mais elle a l'art de se procurer, avant tout le monde, les curiosités les plus recherchées.
LUCIEN.
Bah !
JULIE.
Ainsi, elle a une boîte absolument pareille à celle-ci que vous avez rapportée de Chine.
LUCIEN, *à part.*
Aïe ! aïe ! (*Haut.*) Cela n'a rien d'étonnant, la Chine est maintenant ouverte à tout le monde.
JULIE.
Cela se conçoit, avec des diplomates de votre force !
LUCIEN, *d'un air satisfait.*
Oui, je crois que nous avons signé un traité de commerce assez avantageux.
JULIE.
Le succès doit vous encourager à en signer un autre.
LUCIEN.
Un autre traité ?
JULIE.
Oui, un traité de paix.
LUCIEN.
Avec qui ?

JULIE.
Avec moi.
LUCIEN, *à part.*
Elle n'y pense plus, très-bien ! (*Haut.*) Avec vous qui m'avez tourmenté à plaisir.
JULIE.
Et qui me pardonnez, car vous savez bien que vos soupçons étaient injustes.
LUCIEN.
Oh ! oui, je le sais, maintenant ; mais tout à l'heure...
JULIE.
Tout à l'heure, vous m'avez quittée brusquement, au moment où j'allais vous avouer la vérité ; mais vous êtes si emporté...
LUCIEN.
Et vous si coquette !
JULIE, *d'un air aimable, lui prend la main.*
Eh bien, je ne le serai plus, et pour vous montrer jusqu'à quel point je suis franche, je ne veux pas jouer au fin avec vous ; je ne veux pas vous amener, par de petits mensonges bien gracieux, à me forcer d'accepter un cadeau que je désire ardemment. Tout ce que je possède est à vous.
LUCIEN.
J'y compte... Mais, en attendant, et pour rabattre la petite vanité de madame de Blengie, je veux que vous me donniez... cette boîte.
LUCIEN, *vivement.*
Cette boîte ?
JULIE.
Vous voyez que je suis bonne femme... Je n'y mets pas de fierté... Je vous la demande... Je fais mieux (*courant vers la table*), je la prends.
LUCIEN, *l'arrêtant.*
Mais non, mais non !... cette boîte...
JULIE.
Eh bien ?
LUCIEN.
Elle n'est pas à moi...
JULIE.
Ah ! alors, vous ne l'avez pas rapportée de Chine, où l'on fait de tout ?
LUCIEN.
Eh ! non... si... enfin... c'est...
JULIE, *avec dépit et éclat.*
C'est... la boîte de madame de Blengie...
LUCIEN.
Eh bien ! oui.
JULIE.
Comment alors se trouve-t-elle entre vos mains ?
LUCIEN.
Parce que... parce que... je ne puis pas vous le dire.
JULIE.
C'est donc un secret ?
LUCIEN.
Oui.
JULIE.
Un secret entre vous et madame de Blengie... c'est étrange.
LUCIEN.
Très-étrange en effet ; mais enfin, c'est comme ça.
JULIE.
Eh bien, ce secret, je veux le savoir.
LUCIEN.
Madame...
JULIE, *s'éloignant de Lucien.*
C'est comme ça.
LUCIEN.
Julie... Madame... Julie.... Je vous en prie...
JULIE.
C'est comme ça... Je veux le savoir.
LUCIEN.
Julie, écoutez-moi... il y a des circonstances où il faut savoir permettre à un homme d'être... honnête homme... Je ne peux pas, je ne dois pas trahir madame de Blengie.
JULIE.
Trahir madame de Blengie ? Oh ! je n'ai pas cette prétention ; j'en sais assez...
LUCIEN.
Julie... Je vous le jure, c'est un devoir d'honneur.
JULIE.
Mais je ne vous demande rien. Comment donc ! Vous forcer à trahir madame de Blengie ?... mais ce serait une indignité...

Madame de Blengie, ma meilleure amie, qui a des secrets avec mon futur mari... allons donc !... Restez-lui fidèle, monsieur, remplissez envers elle tous les devoirs d'honneur qu'elle vous a imposés.

LUCIEN, *allant à la table et posant la main sur la cassette.*
Eh bien, oui, madame, je le ferai... et je le ferai par respect pour vous.

JULIE.
Le respect est plaisant, en vérité !

LUCIEN.
Non, madame, il est sincère, il est profond. Je ne sais ce qui arrivera de ma résistance à vos soupçons ; mais je sais ce qui arriverait si j'y cédais. On saurait que j'ai manqué à un devoir d'honnête homme ; on saurait, car tout se sait, que c'est vous qui m'y avez forcé... et je ne veux d'une mauvaise action ni pour moi, ni pour vous, madame... C'est ainsi que je vous aime, moi, madame ; et quand ce nouveau caprice sera passé, vous me remercierez, madame.

JULIE, *à part.*
Il a peut-être raison.

LUCIEN.
Et vous m'aimerez de vous avoir désobéi, madame.

JULIE.
Oh ! pour cela, non, monsieur !

LUCIEN.
Eh bien, soit, madame.

JULIE.
C'est fini à tout jamais..

LUCIEN.
C'est fini... madame !

SCÈNE XII.

JULIE, DUPERRON, LUCIEN.

DUPERRON, *entrant rapidement.*
Où est-elle, où est-elle ?

LUCIEN et JULIE.
Qui donc ?

DUPERRON.
Madame de Blengie ?

JULIE.
Monsieur d'Auterive peut vous le dire.

DUPERRON.
Vous ?

LUCIEN.
Eh ! non, je n'en sais rien. Qu'est-ce qu'il y a ?

DUPERRON.
Oh ! quel malheur, mon Dieu, quel malheur !

JULIE.
Mais qu'est-ce que tout cela veut dire ?

DUPERRON.
Lisez la lettre qu'elle vient de me faire remettre.

JULIE, *lisant.*
« Mon ami, je pars ; soyez assez bon pour me faire parvenir » mes revenus au pays où je vais me retirer... J'espère que ce » soin ne vous importunera pas longtemps... Si je ne reviens » pas en France, si je meurs dans mon exil... vous trouverez » chez mon notaire un testament qui donne toute ma fortune » à votre fille. » (*Haut.*) Qu'est-ce que cela signifie ?

DUPERRON.
Et elle est partie !... Mais pourquoi ?

JULIE.
Pourquoi ?

LUCIEN.
Pourquoi ?... parce que...

SCÈNE XIII.

LES MÊMES, AMÉLIE.

AMÉLIE, *remettant un billet à Duperron.*
Voici pourquoi, mon père... le hasard a fait tomber ce billet à mes pieds... Lisez.

DUPERRON, *à part.*
Une lettre de d'Ervillé pour elle... (*Après avoir lu.*) Oh ! la malheureuse !...

JULIE.
Mais qu'y a-t-il ?

DUPERRON.
Il y a... il y a... Oh ! non, non, ce secret n'est pas le mien.

JULIE.
Encore !... il me semble pourtant que c'est le secret de tout le monde ici...

DUPERRON.
Mais je la connais... elle en mourra... Venez, venez ! il faut la poursuivre, l'atteindre... la ramener... Holà ! quelqu'un... (*Des domestiques paraissent et sortent de divers côtés.*) Des chevaux sur toutes les routes.

AMÉLIE, *les suivant.*
Oui, sauvez-la, mon père... sauvez-la !...

LUCIEN.
Oui, vous avez raison... des chevaux ! venez ! partons. (*Ils sortent.*)

JULIE, *courant à la table et prenant la cassette que Lucien a oubliée.*
Ah !... J'apprendrai peut-être ce que tout cela veut dire...
(*Elle cherche à ouvrir la cassette, quand le rideau tombe.*)

ACTE III.

Un salon d'attente dans une auberge aux portes de Toulon. Porte au fond. — Au même plan, portes latérales en pans coupés ; celle de droite conduisant à la chambre d'Hortense ; l'autre, conduisant à d'autres parties de l'auberge. Au premier plan, à gauche, une table. Chaises, fauteuils, buffet garni, etc.

SCÈNE I.

DUPERRON, *puis* LUCIEN.

DUPERRON, *seul un moment, assis près de la table à gauche.*
Voilà donc où l'a conduite le mariage que je lui ai imposé ! J'hésitais à le comprendre, lorsqu'elle me disait que c'est un crime d'enchaîner les joyeuses espérances de la jeunesse aux froids souvenirs d'un vieillard... et je l'ai fait ! Et pourquoi l'ai-je fait ? Oh ! c'est un crime ! c'est moi qui suis le premier auteur de sa faute, c'est à moi de la protéger. (*En ce moment Lucien entr'ouvre la porte du fond.*)

LUCIEN.
C'est fait ; j'ai retenu tous les chevaux de poste, j'ai payé les guides triple, j'ai attablé les postillons dans la grande salle, j'ai mis la clef de l'écurie dans ma poche, et maintenant qu'elle appelle, qu'elle sonne, personne ne répondra.

DUPERRON.
Ainsi ?

LUCIEN.
Ainsi, je défie madame de Blengie de continuer sa route. Mais où est-elle ?

DUPERRON, *remontant la scène à droite, et montrant la porte qui conduit à la chambre d'Hortense.*
Elle est toujours enfermée dans la chambre qu'elle a demandée en arrivant dans cette auberge.

LUCIEN.
Et vous n'avez rien appris de plus ?

DUPERRON, *rêveur, les yeux fixés sur la porte à droite.*
Rien, sinon qu'elle a demandé de quoi écrire, et annoncé qu'elle repartait immédiatement.

LUCIEN.
Savez-vous, Duperron, que c'est effrayant !

DUPERRON, *tournant la tête.*
Quoi donc ?

LUCIEN.
Mon ami, j'étais un des habitués de l'hôtel de Blengie ; c'est moi qui ai présenté d'Ervillé chez elle : quelques rares visites, quelques paroles polies froidement échangées avec madame de Blengie, voilà tout ce que j'ai vu ; et j'aurais mis ma main au feu, que c'est tout au plus s'ils savaient le nom l'un de l'autre, tandis que... On n'est pas plus bête que ça !... et je n'étais pas le mari ! C'est effrayant. Oh ! les femmes ! quel abîme de dissimulation !

DUPERRON, *même position.*
A laquelle nous les forçons trop souvent, croyez-moi.

LUCIEN.
Et quand je pense que j'allais me marier ! Ah ! non, non, cela mérite réflexion.

DUPERRON, *allant vers la table.*
Maintenant, mon cher Lucien, il faut que vous me rendiez un service.

LUCIEN.
Je suis tout à vos ordres. (*A lui-même.*) Ma position est franche et nette ; Mme d'Espalion... au fait, je ne suis pas engagé, moi : je n'ai rien reçu d'avance.

DUPERRON, *allant vivement à Lucien.*

D'Auterive, vous avez sans doute la cassette que vous a confiée Mme de Blengie ?

LUCIEN.

La cassette ? Ah ! mon Dieu, je l'ai laissée au château.

DUPERRON.

Ah ! quelle négligence ! Si elle tombait dans des mains indiscrètes...

LUCIEN.

Des mains indiscrètes? Oh ! non !... mais si, au contraire ! Ah ! misérable et maladroit que je suis ! Je l'ai laissée sur une table, vous savez, quand vous êtes entré... Mme d'Espallion me querellait au sujet de cette cassette ; et je l'ai laissée là, sous sa main, sous ses yeux ! Elle n'y aura pas résisté !

DUPERRON.

Quoi ! vous pensez que Mme d'Espallion...

LUCIEN.

Elle me soupçonnait... Et les femmes, voyez-vous, elles ne sont comme nous ; elles n'ont pas de ces petites délicatesses qui nous rendent si... niais. Elles aiment à voir clair dans leurs affaires de cœur. Elle aura ouvert la cassette !

DUPERRON.

Ce serait bien mal !

LUCIEN.

Je suis un homme perdu, déshonoré. Oh ! mais, je la lui arracherai, je...

SCÈNE II.

DUPERRON, JULIE, LUCIEN.

LUCIEN.

Julie... Elle !...

DUPERRON.

Madame d'Espallion !

LUCIEN.

Madame... J'allais... je retournais... je voulais reprendre cette cassette...

JULIE, *donnant la cassette à Lucien.*

La voilà, monsieur.

LUCIEN.

Ah ! merci, madame !... c'est un acte de loyauté... et de...

JULIE.

Monsieur d'Auterive, vous êtes un galant homme... Je vous estime de tout mon cœur, je vous aime de tout mon âme... Mais je ne vous épouserai pas.

LUCIEN, *à part.*

Elle ne l'a pas ouverte ! (*Haut.*) Ah ! si vous saviez ce que renferme cette cassette, vous ne me parleriez pas ainsi...

JULIE.

C'est parce que je le sais, que je vous parle comme je le fais.

DUPERRON.

Quoi ! madame, vous avez ouvert cette cassette ?

JULIE.

Oui, monsieur.

LUCIEN.

J'en étais sûr.

DUPERRON.

Vous avez pénétré un secret...

JULIE.

Que vous savez, qu'Amélie n'ignore pas, que monsieur d'Auterive connaît aussi, et qui sera en sûreté comme dans mon cœur comme dans le vôtre, messieurs.

LUCIEN.

Mais alors, puisque vous savez tout, pourquoi ne vouloir plus m'épouser ?

JULIE.

Parce que les hommes sont des monstres ; parce que, pour séduire une femme, il n'y a ni ruse, ni mensonge devant lequel ils reculent... parce que, prières, serments, larmes, menaces même, ils emploient tout... Jusqu'à ce que la malheureuse victime qu'ils ont choisie, tremblante, égarée, souvent à moitié folle, leur donne sa vie, pour n'obtenir que leur mépris !

LUCIEN.

Mais tous les hommes ne sont pas les mêmes !

JULIE.

C'est vrai, monsieur... vous ne m'avez jamais aimée avec cette passion ; vous ne m'avez jamais priée comme ça !

LUCIEN.

Ainsi donc, si j'avais été moins délicat...

JULIE, *avec malice.*

Hé !... (*Reprenant un air sérieux.*) Mais si une faute est excusable, c'est assurément celle d'Hortense... Et comme j'aurais honte d'être heureuse, lorsqu'elle souffrirait un tel abandon, je vous annonce que notre mariage ne se fera qu'avec le sien.

LUCIEN.

Ah ! c'est par trop fort !

DUPERRON.

Eh ! bien, madame, puisque vous voulez bien attacher votre bonheur à celui de madame de Blengie, permettez-moi d'essayer de la sauver.

JULIE.

L'espérez-vous ?

DUPERRON.

Je ferai pour cela tout ce que peut le dévouement le plus absolu.

JULIE.

Comptez-vous donc ramener d'Ervillé ?

DUPERRON.

Je tenterai peut-être d'un autre moyen.

LUCIEN.

N'oubliez pas que votre succès intéresse madame d'Espallion.

JULIE.

Impertinent ! (*On entend sonner dans la chambre d'Hortense.*) Qu'est cela ?

DUPERRON.

C'est elle !

LUCIEN.

Madame de Blengie, qui probablement s'impatiente de ne pas voir arriver les chevaux de poste. (*On sonne encore.*)

DUPERRON.

Elle va sans doute venir... (*Lucien va pour s'asseoir ; il l'arrête.*) Oh ! veuillez me laisser seul avec elle... Et souvenez-vous surtout d'une chose... c'est que ce secret doit mourir entre nous.

LUCIEN.

Oh ! je suis la discrétion même.

JULIE *à Duperron.*

A bientôt, n'est-ce pas ? J'entre là, où m'attend Amélie, car je l'ai amenée... Elle souffrait tant !...

DUPERRON.

Eh bien, consolez-la... Dites-lui que j'approuve son amour pour Villars... (*Il va vers la porte de droite.*)

LUCIEN.

Ah ! à propos, Villars...

DUPERRON.

Eh ! bien...

LUCIEN.

Villars et d'Ervillé... vous ne savez pas ?... (*On sonne au dehors.*)

DUPERRON, *qui est près de la porte de droite.*

Silence, la voici...

JULIE, *à Lucien.*

Venez donc !

LUCIEN.

Mais vous ne savez donc pas...

JULIE, *le forçant de sortir à gauche.*

Vous me le direz plus tard !...

SCÈNE III.

DUPERRON, HORTENSE.

DUPERRON, *au fond.*

Puisse-t-elle me comprendre !

HORTENSE, *entrant par la porte de droite.*

Holà !... quelqu'un !... Comment se fait-il que personne ne vienne... (*Elle va pour sortir par la porte du fond et voit Duperron.*) Duperron... vous ici !

DUPERRON.

Pardonnez-moi d'avoir cherché à vous voir une dernière fois.

HORTENSE.

Je ne puis pas vous en vouloir... Mais ce que vous avez fait là n'est pas bon...

DUPERRON.

L'amitié n'a-t-elle aucun droit ?

HORTENSE.

Elle n'a pas celui d'être sans pitié.

DUPERRON.

Sans pitié, dites-vous ?...

HORTENSE.

Oui, Duperron... Qu'êtes-vous venu faire ici ?... Pourquoi m'avez-vous poursuivie ? Pour me demander le secret de mon départ ? Je ne vous le dirai pas... Pour me faire changer de résolution ? Duperron, vous me connaissez assez pour savoir que je ne mets ni emportement ni colère dans mes décisions... et que c'est pour cela qu'elles sont inébranlables... (*Elle s'assied près de la table.*)

HORTENSE DE BLENGIE.

DUPERRON.
Je suis venu parceque vous avez oublié vos amis, parceque vous n'avez pas pensé à leur chagrin.

HORTENSE.
Vous vous trompez..... j'y ai pensé... et c'est pour cela que j'étais parti sans revoir personne... J'ai mesuré ma force et j'ai trouvé que j'avais assez de ma part de douleur sans m'exposer à la vôtre...

DUPERRON.
Et vous n'avez espéré d'aucun d'eux aucune consolation?

HORTENSE.
Vous voyez, Duperron!... voilà, voilà ce que je voulais éviter. Prétendre me consoler, c'est vouloir discuter ma douleur, c'est donc aussi vouloir la connaître... Eh! bien, Duperron, je vous dois la vérité... Je ne sais si je guérirai du désespoir que j'emporte... Mais je vous le déclare, si la cause en était connue, j'en mourrais... ainsi donc, ayez pitié de moi et laissez-moi partir. (*Elle veut se lever.*)

DUPERRON, *la retenant*.
Eh! bien, soit, Hortense... je n'insiste pas... Mais vous venez de prononcer un mot, qui laissent à ceux qui vous aiment un espoir dans l'avenir... Peut-être, avez-vous dit, peut-être guérirez-vous de votre désespoir.

HORTENSE.
Peut-être...

DUPERRON.
Eh! bien, si ce jour arrive, Hortense, il faut que vous sachiez alors qu'il y a au monde un cœur qui vous attend, un cœur plein de tendresse et de repentir.

HORTENSE.
De repentir, dites-vous? Quoi... ce cœur... (*Après un silence, à part.*) Oh! mais, non, c'est une ruse. Duperron ne sait rien, il ne doit rien savoir.

DUPERRON, *à part*.
Elle ne pense qu'à lui; elle ne me comprendra pas.

HORTENSE.
En vérité, je ne sais ce que voulez me dire. Le repentir ne convient qu'aux coupables, et je ne sache personne qui ait envers moi des torts dont il ait à se repentir.

DUPERRON.
Et si ce coupable, c'était moi?...

HORTENSE.
Vous?

DUPERRON.
Oui, moi. Je vous connais, dites-vous, mais, vous, vous ne me connaissez pas... Je sais ce que vous avez de force, mais vous ignorez ce que j'ai de violence. Je sais ce que vous avez souffert, mais vous ne savez pas que c'est moi qui ai fait tout ce mal.

HORTENSE.
Mais que voulez-vous dire, mon Dieu? je ne vous comprends plus.

DUPERRON.
Eh bien donc, apprenez tout. Lorsque votre père me confia le soin de votre enfance, j'acceptai avec orgueil ce témoignage de son estime, et je vous vis avec joie entrer dans ma maison, pour être la seconde fille de celle à qui, en échange de sa fortune, je n'avais donné que mon nom...

HORTENSE.
Et le respect que méritaient ses vertus.

DUPERRON.
Et auquel jamais je n'ai voulu manquer. Et ce fut là, Hortense, la cause de mon supplice et la cause de mon crime. *Il se lève et descend en scène.*

HORTENSE, *se levant*.
De votre crime?

DUPERRON.
Oui, car bientôt l'enfant que j'avais adoptée avec une affection toute paternelle, devint une jeune fille, belle, charmante; une femme en qui rayonnaient, tout à la fois, la beauté, l'esprit, la grandeur. Elle était chaque jour sous mes yeux; je contemplais sa beauté, je m'enivrais de ses paroles; et lorsque je me demandai pourquoi mon cœur, que je croyais partager entre mes deux enfants, n'allait plus qu'à vous seule, je m'aperçus que je n'avais rien ôté à ma tendresse de père, mais que je vous avais donné tout l'amour de ma vie.

HORTENSE.
Quoi, monsieur?

DUPERRON.
Dieu m'est témoin, et vous-même avant Dieu, que jamais un mot, un regard, n'ont pu vous faire soupçonner le délire de cette passion.

HORTENSE.
C'est vrai, monsieur, vous m'avez respectée.

DUPERRON.
Oui, je vous ai respectée dans votre innocence, mais non pas dans votre bonheur. Lorsque je compris ce fatal amour, je me sentis trop faible pour la lutte; je voulus vous éloigner, je cherchai à vous marier.

HORTENSE.
Est-ce là votre crime?

DUPERRON.
Oui... car vous étiez jeune, belle, et chacun savait qu'il n'était aucun mariage au dessus de vous, aucune position en ce monde que vous n'eussiez honorée en l'occupant; et il y avait à vos pieds dix prétendants jeunes et beaux aussi, dignes de vous apprécier et fiers de vous confier l'honneur et la joie de leur avenir. Mais ceux-là auraient allumé dans votre âme ces premières émotions du cœur, que je voyais s'agiter dans vos tristesses sans raison comme dans vos folles joies. Ceux-là auraient accompli ces rêves d'amour qui vous tourmentaient à votre insçu; ceux-là, vous les auriez aimés. Je les écartai, je cherchai près de moi, un vieillard,... noble et bon sans doute, riche et considéré, c'est vrai, qui pouvait satisfaire à toutes les exigences de votre orgueil, mais qui devait laisser mourir cette flamme de la jeunesse qui ne pouvait brûler pour moi et que je voulais éteindre pour tous les autres. Je vous mariai parce que je vous aimais; mais je vous mariai à un vieillard parce que j'étais jaloux. Voilà mon crime...

HORTENSE.
Ah! monsieur, qu'avez-vous fait?

DUPERRON.
Et maintenant, comprenez-moi bien, Hortense. Le hasard nous a dégagés, vous des liens que je vous avais imposés, moi de ceux qui m'ont rendu coupable envers vous; mais cet amour qui vous sacrifiait en vous respectant, cet amour, il s'est pour ainsi dire augmenté de mes remords... cet amour, il est plus ardent plus exalté que jamais.

HORTENSE.
Assez, monsieur.

DUPERRON.
Cet amour, il est si dévoué et si soumis maintenant, qu'en vous demandant pardon du mal qu'il vous a fait, il ne vous demanderait pas compte des larmes qu'il vous a fait répandre, des dangers où il a pu vous exposer, du désespoir où il vous a peut être réduite. Enfin...

HORTENSE.
Enfin, monsieur?

DUPERRON, *tombant à ses pieds*.
Enfin... il me semble que si vous l'acceptiez, il vous donnerait le bonheur dont je vous ai exilée... et peut-être...

HORTENSE.
Duperron!... (*Après un temps.*) Duperron, ce que vous venez de me dire est si étrange, que ma pensée m'échappe, et que je ne sais comment vous répondre.

DUPERRON.
Sans doute, vous trouvez odieux que je vienne vous demander la récompense de mon crime.

HORTENSE.
Non, Duperron, l'amour a son excuse dans sa violence. Et peut-être toute autre à ma place et dans la position où je suis, accepterait cet amour et ce nom que vous m'offrez.

DUPERRON.
Oh! faites-le, Hortense, et je vous jure...

HORTENSE.
Mais moi... je ne veux tromper personne, ni me venger de personne... cet amour, je le refuse.

DUPERRON, *se levant*.
Ah! c'est que vous me méprisez et que vous me haïssez maintenant!

HORTENSE.
Non, mon ami, croyez-moi, je suis sincère. Je sais peut-être mieux que vous ne le pensez, que c'est déjà beaucoup de ne pas manquer aux lois de l'honneur... de vous devoir même en me faisant une destinée que beaucoup de femmes auraient enviée... Je ne vous tendrais pas la main comme je le fais (*elle lui tend la main*), si je vous haïssais ou si je vous méprisais. Et si vous m'avez fait du mal, je vous le pardonne.

DUPERRON, *pressant de ses lèvres la main d'Hortense*.
Que dites-vous?

HORTENSE.
Et ce pardon, je ne veux le fais pas attendre, parceque je ne veux pas que vous puissiez croire que mon ressentiment entre pour rien dans mon refus.

DUPERRON.
Quoi? ce refus...
HORTENSE.
Il ne vient que de moi, et alors même que vous ne m'eussiez pas fait cet aveu, il eût été irrévocable comme il le sera toujours.
DUPERRON.
Et vous partez?
HORTENSE.
Je pars.
DUPERRON.
Et ce désespoir qui vous exile, rien ne peut le consoler?
HORTENSE.
Duperron, vous avez respecté l'innocence de la jeune fille; respectez la douleur de la femme qui ne vous reproche rien, mais qui ne veut rien répondre...
DUPERRON, *avec colère.*
Eh bien, je vous vengerai du moins!
HORTENSE.
Me venger! de quoi? et de qui?
DUPERRON.
Vous avez raison, je suis fou. Mais ce n'est plus l'amant qui vous parle, c'est l'ami; c'est moins que cela c'est l'homme à qui vous avez confié le soin de votre fortune...
HORTENSE.
Duperron!
DUPERRON.
Ne quittez la France que demain.
HORTENSE.
Non.
DUPERRON.
D'ici là, j'aurai pu faire quelques démarches pour que cette fortune...
HORTENSE.
Ne cherchez pas de prétexte, Duperron; vous n'avez aucune démarche à faire pour ma fortune. Soyez bon; toute force s'use à lutter, et je ne veux pas recommencer un pareil entretien. Adieu donc, et laissez-moi partir.
DUPERRON.
Hortense...
HORTENSE.
Je le veux, je vous en prie.
DUPERRON, *à part.*
Oh! pauvre âme! cœur noble et grand!
HORTENSE.
Adieu. (*Elle se dirige vers la porte du fond.*)
D'ERVILLÉ, *en dehors.*
Dès que ce monsieur sera arrivé, dites-lui que je suis ici.
HORTENSE, *près de sortir, s'arrêtant.*
(*A part.*) Grand Dieu... lui!
DUPERRON.
D'Ervillé!...
HORTENSE, *revenant vivement près de Duperron, et d'un air indigné.*
Vous saviez qu'il devait venir!...
DUPERRON.
Sur mon honneur, je vous jure...
HORTENSE.
Vous le saviez, vous saviez tout!
DUPERRON.
Hortense...
HORTENSE.
Et vous m'avez réduite à cette humiliation! Ah! c'est maintenant que je vous hais et que je vous méprise!
DUPERRON.
Hortense, un mot...
HORTENSE.
Ah! monsieur... (*Montrant la porte de droite.*) Cette porte est la mienne... J'espère que vous et d'autres vous la respecterez! adieu! (*Elle entre à droite.*)

SCÈNE IV.

DUPERRON, puis LUCIEN.

DUPERRON, *seul un moment.*
Oh! rien ne fera plier ce cœur d'acier. Et cet homme... cet homme accepte tranquillement la main de ma fille! oh! non... non, assez d'une existence perdue!...
LUCIEN, *entrant par la gauche.*
Eh bien! Duperron...
DUPERRON.
Plus d'espoir!...

LUCIEN.
Il faut donc que je remette à d'Ervillé ces lettres, cette cassette?
DUPERRON.
Cette cassette, ces lettres... ô mon Dieu! qui sait, peut-être...
Je viens de voir d'Ervillé entrer dans cette maison... et je crois qu'il est prudent que je remplisse ma mission, avant qu'il ne se batte avec Villars.
DUPERRON.
Un duel avec Villars!
LUCIEN.
Ah! tiens! étourdi que je suis!
DUPERRON.
Non! oh! non, ce n'est pas avec Villars qu'il se battra... S'il refuse d'être honnête homme. D'Auterive, voulez-vous me confier ces lettres?
LUCIEN.
Pourquoi faire? pour avoir le droit de le provoquer?
DUPERRON.
Je ne sais, je ne vois pas encore bien clair dans mon projet; mais, croyez-moi, d'Auterive, tout ce qui est possible pour le bonheur de madame de Blengie, je le tenterai; si j'échoue, alors seulement je penserai à la vengeance.
LUCIEN.
Je me fie à vous. (*On sonne encore chez Hortense.*)
DUPERRON, *à lui-même.*
Oui, oui, j'essaierai, et s'il ne me comprend pas, malheur à lui!
LUCIEN, *mettant la cassette sur la table.*
Voilà!
DUPERRON.
Merci. Il vient, éloignez-vous, et veillez à ce que Villars ne puisse nous interrompre.
LUCIEN.
Fiez-vous donc à moi! (*Il sort par la gauche.*)

SCÈNE V.

D'ERVILLÉ, DUPERRON.

D'ERVILLÉ, *paraissant au fond avec ses deux témoins.*
Merci, messieurs, choisissez un bon terrain. A votre retour, je pense que monsieur de Villars sera arrivé. Du reste, nous n'avons rien à dire, l'heure n'a pas encore sonné. (*Les deux témoins s'éloignent. D'Ervillé descend en scène.*)
DUPERRON.
Et l'heure de ce duel ne sonnera pas.
D'ERVILLÉ.
Duperron!... vous savez si j'aime à vous rencontrer; cependant, aujourd'hui, et dans cette circonstance...
DUPERRON.
Vous devez en être charmé, et vous me remercierez de vous avoir épargné une folie et un scandale inutiles.
D'ERVILLÉ.
Je ne sais comment vous l'entendez, mais monsieur de Villars..
DUPERRON.
Est un homme de trop bonne compagnie pour vous avoir dit de ces paroles qui exigent une réparation sanglante.
D'ERVILLÉ.
Ses paroles ont été fort polies, mais ses prétentions sont fort impertinentes.
DUPERRON.
S'il y renonce, vous n'avez plus rien à dire.
D'ERVILLÉ.
Oui, mais j'ai à me rappeler qu'il m'a provoqué.
DUPERRON.
Il faut pardonner quelqu'emportement à celui à qui l'on prend la femme qu'il aime.
D'ERVILLÉ.
C'est que je ne vois pas qu'il en soit ainsi; vous pouvez bien refuser votre fille à Villars, mais vous n'êtes pas homme, ni moi non plus, à la forcer à un mariage qui lui déplairait.
DUPERRON.
C'est précisément à ce sujet que je voulais avoir une explication très-importante.
D'ERVILLÉ.
Est-ce donc pour cela que vous êtes venu ici?
DUPERRON.
Oui, pour cela... Écoutez-moi, d'Ervillé... et comprenez bien que je ne veux, ni vous faire la leçon, ni paraître douter de vos sentiments...
D'ERVILLÉ.

De quoi s'agit-il donc?...

DUPERRON.

Ma vie, comme je vous l'ai dit, a été triste ; mais j'en ai recueilli cet avantage, qu'elle m'a appris l'indulgence, j'ai gardé sérieusement des devoirs dont beaucoup d'autres, à ma place, se sont affranchis ; mais si je ne les ai pas imités, je les comprends et je les excuse... Je dois donc comprendre encore mieux, et excuser encore plus facilement le jeune homme qui a cherché dans une liaison cachée, les émotions d'un amour partagé...

D'ERVILLÉ, *troublé.*

C'est un crime assez commun, pour que...

DUPERRON.

Aussi, ne vous en fais-je aucun reproche... En ces sortes de choses, la femme seule est coupable ; et quelque malheur qui lui en arrive, c'est à elle à en souffrir ; elle l'a voulu, tant pis pour elle. Je ne m'en occupe donc pas...

D'ERVILLÉ.

Où voulez-vous en venir ?

DUPERRON.

A vous dire que, cependant, tout le monde n'a pas cette indulgence, ou plutôt cette fermeté, et qu'il est telle jeune tête exaltée, pleine de sentiments faux et exagérés, qui peut voir dans cette conduite un oubli de l'honneur, une sécheresse d'âme...

D'ERVILLÉ.

Duperron !...

DUPERRON.

Ainsi je craindrais que ces sentiments ne fussent ceux de ma fille, si elle venait à apprendre votre liaison avec Mme de Blengie.

D'ERVILLÉ.

Ma liaison avec Mme de Blengie !... je vous jure, Duperron, que jamais...

DUPERRON, *lui prenant la main.*

C'est bien, et vous faites votre devoir en niant ; mais dispensez-vous de jouer ce rôle, toujours honorable, mais inutile avec moi, je vous en préviens. (*Il quitte d'Ervillé, passe de droite à gauche.*)

D'ERVILLÉ, *à part.*

Hortense s'est vengée.

DUPERRON, *montrant la cassette à d'Ervillé.*

Voici une cassette renfermant une correspondance entre vous et Mme de Blengie. Je suis chargé de vous la remettre, et de vous demander en retour des lettres que vous devez posséder sans doute encore.

D'ERVILLÉ, *tirant de sa poche une liasse de lettres.*

Au moment d'un duel, j'avais pensé à cette restitution ; voici ces lettres, que je comptais confier à d'Auterive.

DUPERRON, *qui a ouvert la cassette.*

Voici les vôtres.

D'ERVILLÉ, *très-vivement.*

Donnez donc.

DUPERRON.

Un moment ! Mme de Blengie, et je comprends sa colère, comme je comprends votre conduite, a droit d'être cruellement blessée.

D'ERVILLÉ.

Sans doute, et, en ce cas, les femmes...

DUPERRON.

Les femmes qui ont la faiblesse de céder n'ont que ce qu'elles méritent, quand on les abandonne : c'est trop juste ; mais vous comprenez qu'elles ne soient pas précisément de cet avis.

D'ERVILLÉ.

Assurément ; et je pense que Mme de Blengie a dû se plaindre.

DUPERRON.

Mme de Blengie est une femme d'un caractère fier, résolu, implacable, une femme qui ne se plaint pas, qui n'a pas versé une larme, mais qui a trop de résignation pour que je ne craigne pas une vengeance.

D'ERVILLÉ.

Une vengeance ? et laquelle ?

DUPERRON.

Je l'ignore ; mais je la redoute.

Ne s'est-elle pas désarmée complétement en vous remettant ces lettres ?

DUPERRON, *alarmé.*

Sans doute... si elle me les a toutes remises.

D'ERVILLÉ.

Craignez-vous donc qu'elle en ait conservé quelques-unes ?

DUPERRON.

Si elle l'avait fait, et si, humiliée aussi cruellement que femme peut l'être, elle les adressait un jour à votre femme, à ma fille ?

D'ERVILLÉ.

Ce serait un crime.

DUPERRON.

N'est-ce pas ? car Amélie, qui l'aime comme une sœur et qui la respecte comme une mère, pourrait trouver que l'homme qui épouse la sœur d' 'a malheureuse qu'' a perdue, ne mérite pas l'amour qu'on doit à un mari... Elle pourrait penser que c'est là

une trahison indigne d'un honnête homme.

D'ERVILLÉ.

Encore une fois, monsieur Duperron !...

DUPERRON.

Encore une fois, je vous parle des sentiments probables de ma fille ; et quant à moi, tout ce que je veux, c'est la mettre à l'abri d'une pareille douleur. Je désire donc, et voilà tout, que vous vous assuriez devant moi, qu'aucune lettre de cette correspondance ne manque à la restitution. Voyez, elles sont classées et numérotées avec un grand soin ; est-ce bien cela ? N° 1. « Madame, c'est le cœur tremblant, c'est l'esprit perdu que je vous écris, pardonnez-moi, si... » Oh ! la déclaration obligée ! c'est bien.

D'ERVILLÉ, *prenant la lettre.*

Oui, c'est cela, une lettre folle.

DUPERRON.

Comme on les fait quand on veut tromper ces pauvres femmes.

D'ERVILLÉ.

Oh ! non, je ne voulais pas la tromper.

DUPERRON.

Alors, c'est quand on se trompe soi-même, et qu'on croit les aimer... En voici une seconde. « Vous ne m'avez pas répondu.» Une troisième : « Encore ce silence implacable, ce silence qui me tue ! » Il paraît qu'elle a fait semblant de résister, et qu'elle n'a pas répondu tout d'abord, car voici encore une lettre qui commence ainsi : « Madame, par pitié, par grâce, un mot, qui me dise que vous me pardonnez. Si mon admiration s'est égarée jusqu'à devenir de l'amour, si la folie de cette passion s'est égarée jusqu'à se montrer à vous, est-ce un crime qui ne mérite aucun pardon ? Et que vous ai-je donc demandé, madame ? rien qu'une pensée, un souvenir, rien que le droit de me dire : Dans la carrière aventureuse où je vais entrer, il y a quelqu'un à qui je puis dédier mes fatigues, mes dangers, ma gloire; quelqu'un pour qui je serai fier de l'acquérir, quelqu'un qui se dira peut-être : Si j'avais été libre, je lui aurais permis de m'aimer. » Oh ! c'est avec cette soumission qu'on endort la prudence des femmes. Et elle vous a répondu, sans doute ?

D'ERVILLÉ, *tristement, tendant une lettre à Duperron.*

Oui ; mais voilà sa réponse.

DUPERRON, *lisant.*

« Monsieur, votre dernière lettre contient un mot qui dit à la fois mon devoir et le vôtre. Je ne suis pas libre. Je veux rester une honnête femme, et j'espère que j'écris à un galant homme. C'est assez vous dire que je regarderais désormais comme une insulte ce que je veux bien oublier comme un moment de folie. » (*Parlé.*) Ah ! le congé était rude, et la comédie assez bien jouée ! Tout autre y eût renoncé ; mais vous êtes persévérant.

D'ERVILLÉ, *se levant.*

Oui, car j'étais fou...

DUPERRON, *allant à lui.*

En effet... voici encore une lettre... dans quel état, mon Dieu!.. froissée... déchirée... oh ! c'est sans doute celle qu'on se plaisait à relire chaque jour ; voyons...

D'ERVILLÉ.

Non, c'est inutile... Je sais...

DUPERRON.

Mais, moi, je veux m'instruire ! !... Que vois-je ? des projets de mort, des menaces de suicide... « Oh ! oui, madame ; c'est une folie que mon amour pour vous... car je suis homme d'honneur, madame, et l'on trouvait que j'avais quelque raison. Mais depuis que je vous ai vue, tout ce qui n'est pas vous s'est enfui de mon âme que vous occupez tout entière. J'y cherche vainement tout ce qui m'animait autrefois ; je n'y trouve que vous, vous seule. Vous êtes devenue ma gloire, mon amour, mon devoir, mon avenir, ma patrie. Dites un mot, et ce que vous voudrez, je le ferai... Voulez-vous que je meure? je mourrai... et pour cela, madame, vous n'aurez pas besoin de parler, votre silence sera mon arrêt. » Et les femmes se laissent prendre à de pareilles folies.

D'ERVILLÉ.

Des folies?... non, Duperron ; ce n'étaient pas des folies, c'était la vérité. Oh ! oui, je l'ai aimée avec fureur ; je l'ai poursuivie avec acharnement, je l'ai trompée par la soumission la plus basse... je l'ai fatiguée de mes obsessions.

DUPERRON.

Bien plus, vous l'avez menacée d'un scandale !

D'ERVILLÉ.

C'est vrai.

DUPERRON.

Oui, plus tard, quand elle vous eut permis de l'aimer. Hortense, si vous ne venez pas à ce rendez-vous, j'irai vous chercher au milieu de tous, jusque dans votre salon ! Vous l'eussiez fait.

D'ERVILLÉ.

Oui, car je mourrais.

DUPERRON.

C'est ce que vous lui dites : « Que peut-il en arriver de plus affreux que ce qui arrive !... on saura que je vous aime et que vous me dédaignez; votre orgueil sera satisfait; on me tuera peut-être, et moi, j'aurai trouvé cette mort que votre indifférence me verse goutte à goutte. Oh! pardon... pardon, Hortense, grâce! pitié!... Je pleure, je souffre. Venez, comme vous allez chez le malheureux qui pleure et souffre de misère... et comme lui, c'est avec respect, c'est à genoux que je recevrai l'ange qui aura pitié de moi! » Et elle y alla?

D'ERVILLÉ.

Oui.

DUPERRON.

Cette femme ne demandait qu'à se perdre.

D'ERVILLÉ.

Ah! ne dites pas cela, Duperron... Elle vint, et il y avait tant de courage et de sérénité dans cette funeste démarche, elle croyait si bien au respect que je lui avais juré, qu'elle me l'inspira, et que, dans mon cœur, je restai à genoux devant sa tranquille et naïve confiance.

DUPERRON.

Oui, je vois que la lutte fut longue; car voici encore beaucoup de lettres, où parle le désespoir.... Voici encore des menaces....

D'ERVILLÉ.

Oh! rendez-moi tout cela, Duperron... c'est une honte, c'est une infamie!

DUPERRON.

Mais vous aviez donc à vous venger d'elle?

D'ERVILLÉ.

Me venger? oh! non, non! Jamais délire ne fut plus vrai que le mien! Je ne lui mentais pas... Elle était devenue ma vie, mon âme, ma pensée... Je l'aimais... comme je l'aimerais encore, si je ne doutais pas, maintenant...

DUPERRON, *l'entraînant à l'avant-scène.*

Comment! vous ne lui mentiez pas?

D'ERVILLÉ.

Je ne lui ai menti qu'un jour, et ce jour...

DUPERRON.

Fut un triomphe!...

D'ERVILLÉ.

Un crime!...

DUPERRON.

Et vous l'en punissez? c'est juste.

D'ERVILLÉ.

Duperron... Je ne veux pas que vous me méprisiez autant que vous en avez le droit. Vous avez connu mon père, et vous savez quel austère gentilhomme c'était. « Mon fils, me dit-il en mourant, je comprends l'indulgence pour de certaines faiblesses... Mais ce que je veux que tu me jures, c'est que tu n'épouseras jamais qu'une femme irréprochable, et à qui personne, pas même toi, ne pourra reprocher une faute. »

DUPERRON.

Et vous avez juré?

D'ERVILLÉ.

J'ai juré.

DUPERRON, *mettant une lettre sous les yeux de d'Ervillé.*

En ce cas, pourquoi avez-vous écrit ceci? « Car c'est bien votre lettre ceci? « Oh! ne crains rien, Hortense; ma vie est à toi, je puis te la donner; et mon nom serait à toi, si tu pouvais le prendre. »

D'ERVILLÉ.

Oh! j'ai écrit cela, parce que...

DUPERRON.

Parce que voici ce que vous disait madame de Blengie: Edouard vous m'avez attirée dans un piége infâme, et pouvant me tuer vous m'avez déshonorée. » (*Parlé.*) C'est bien sa lettre, n'est-ce pas?

D'ERVILLÉ.

Oui.

DUPERRON, *lisant.*

« Que Dieu me juge et me pardonne! car vous, Edouard, vous me jugerez bientôt, et vous ne me pardonnerez pas votre crime. Quand vous autres hommes ne pouvez obtenir l'amour d'une femme, vous le volez, et vous la méprisez bientôt pour votre lâcheté! C'est un crime affreux que vous avez commis, car vous avez tué dans mon cœur l'estime que j'avais pour vous, et, dans le vôtre, l'amour que vous aviez pour moi. » Elle devinait juste.

D'ERVILLÉ.

Non, Duperron, non. Mais loin d'elle, en me rappelant le serment fait à mon père, j'ai voulu étouffer sous ce souvenir celui des serments que je lui avais faits à elle. Pour y parvenir, je me suis déchiré le cœur; j'ai fait plus, je l'ai dégradé! Je n'ai plus recherché que ces entretiens où la moquerie salit tout noble sentiment; j'ai habitué mon esprit à voir tout à travers ce dédain dénigrant et ricaneur, qui doute de l'amitié, de l'amour de Dieu. Et pourtant, Duperron, tel est le pouvoir qu'elle a gardé sur moi, que j'ai pu parvenir à être honteux de mon amour, mais non pas à l'éteindre.

DUPERRON, *à part.*

Hortense, tu seras heureuse!... et moi... (*Haut, se tournant vers d'Ervillé.*) Et cependant, vous accepteriez la main de ma fille!...

D'ERVILLÉ.

Oui, comme un obstacle infranchissable entre elle et moi; car la plus dédaigneuse indifférence a accueilli ma résolution.

DUPERRON, *allant à d'Ervillé et lui donnant un billet d'Hortense.*

Eh bien, lisez donc le dernier mot de cette correspondance...

D'ERVILLÉ, *après avoir lu, et se levant.*

Grand Dieu!... Elle part, elle s'exile, elle veut mourir!...

DUPERRON.

Oui, elle part... Elle part pour laisser le champ libre à votre nouvel amour... Elle s'exile pour ne pas vous gêner dans l'accomplissement d'un serment d'honneur... Elle veut mourir pour que sa richesse de femme perdue enrichisse celle que vous honorez de votre nom, monsieur le comte d'Ervillé.

D'ERVILLÉ.

Je suis un lâche, Duperron; ne me le dites pas, je le sais... Mais est-elle donc partie pour jamais? ne peut-on l'atteindre?

DUPERRON, *écoutant.*

Restez...

D'ERVILLÉ.

Quoi donc?

DUPERRON, *montrant la porte à droite, au 3e plan.*

Elle est là.

D'ERVILLÉ.

Elle?

DUPERRON, *regardant à travers la porte entr'ouverte.*

Qui ne sait rien, et qui doit toujours ignorer que je savais son secret. Elle entr'ouvre sa porte... elle vient... la voici!... Adieu, d'Ervillé...

SCÈNE VI.

HORTENSE, D'ERVILLÉ, *puis tout le monde, excepté Duperron.*

HORTENSE, *entrant par la porte de droite, au 3e plan.*

Est-il parti? je n'entends plus rien... (*Elle se retourne.*)

D'ERVILLÉ, *tombant aux pieds d'Hortense.*

Hortense!

HORTENSE.

Édouard! vous ici!

D'ERVILLÉ.

A genoux, à genoux devant vous.

HORTENSE.

Non, laissez-moi; c'est un nouvel outrage!

D'ERVILLÉ.

Ah! pardon, pardon, Hortense... Pitié, pitié pour moi!

HORTENSE.

Vous ne m'avez jamais aimée.

D'ERVILLÉ.

C'est de vous que j'attends le droit de vivre ou de mourir.

HORTENSE.

Edouard, vous me trompez encore!

D'ERVILLÉ

Hortense, ma femme! mais tu vois bien que je pleure...

JULIE, *en riant.*

Ah! ah! voilà qui est charmant!

TOUS.

C'est charmant!

LUCIEN.

Qu'est-ce qu'il y a?

HORTENSE.

Julie!

JULIE.

Comment, tu nous fuis pour nous cacher ton mariage avec d'Ervillé! C'est mal...

AMÉLIE.

Et elle se moque de moi, en me disant d'épouser M. d'Ervillé.

HORTENSE.

Vous étiez donc là?

LUCIEN.

Pas du tout! nous arrivons à l'instant.

HORTENSE.

Et Duperron?

CHARLES.

Il me cède sa maison de Paris, et prend la direction de celle de Naples; il vient de partir.

HORTENSE.

Noble cœur!

JULIE, *à Lucien.*

Et maintenant, monsieur...

LUCIEN.

Je me marie le même jour que d'Ervillé, et vous voilà heureuse malgré vous. (*Il baise la main de madame d'Espallion.*)

FIN.

www.ingramcontent.com/pod-product-compliance
Lightning Source LLC
Chambersburg PA
CBHW071425060426
42450CB00009BA/2021